Henri DUVEYRIER

JOURNAL D'UN VOYAGE

dans

la Province d'Alger

FÉVRIER, MARS, AVRIL 1857

PARIS
AUGUSTIN CHALLAMEL, ÉDITEUR
RUE JACOB, 17
LIBRAIRIE MARITIME ET COLONIALE

1900

JOURNAL D'UN VOYAGE

DANS

la Province d'Alger

1910

Ce volume, tiré à 150 exemplaires, n'est pas dans le commerce.

TYPOGRAPHIE FIRMIN-DIDOT ET Cie. — MESNIL (EURE).

Henri DUVEYRIER

JOURNAL D'UN VOYAGE

dans

la Province d'Alger

FÉVRIER, MARS, AVRIL 1857

PARIS
AUGUSTIN CHALLAMEL, ÉDITEUR
RUE JACOB, 17
LIBRAIRIE MARITIME ET COLONIALE

1900

Le présent *Journal de voyage* n'est destiné ni à l'indifférence du public, ni à la critique des savants.

Il sera offert en hommage intime, en souvenir de cœur aux personnes qui ont aimé Henri Duveyrier, qui l'ont aidé ou suivi dans sa carrière de voyageur; qui, ayant eu des relations avec lui, ont pu apprécier la conscience de son savoir, la sincérité de son caractère.

Ceux-là (aujourd'hui en bien petit nombre) qui ont connu Henri Duveyrier tout jeune, le retrouveront ici dans l'évocation d'un passé lointain. Les autres y verront se dessiner les premières empreintes des traits qui constituèrent l'individualité très nette de notre grand explorateur. C'est, à vrai dire, l'un des mérites de ces pages auxquelles leur simplicité juvénile, leur naïveté prête une sorte de charme.

Henri Duveyrier, né à Paris le 28 février 1840, avait dix-sept ans, il était dans l'adolescence, quand il accomplit le voyage d'essai qui le conduisit, en février, mars et avril 1857, jusqu'à Laghouat.

Charles Duveyrier, son père, eût désiré lui voir adopter une carrière commerciale où il serait, assez rapidement, arrivé à l'indépendance; mais, dès ses premières manifestations, l'esprit de Henri Duveyrier s'était tourné vers l'observation scientifique et, plus particulièrement, vers l'étude de l'histoire naturelle.

Ces tendances sont formellement accusées dans les notes de Henri Duveyrier sur son séjour à l'École de Lautrach, près

Memmingen (haute Bavière), en 1854-1855. Dès lors aussi, il avait formé le dessein de se vouer aux voyages d'exploration en Afrique, et ses efforts intellectuels s'étaient tournés vers la réalisation de ce rêve. Il avait, notamment, entrepris avec ardeur l'étude de la langue arabe.

Charles Duveyrier, ancien saint-simonien, avait un jugement trop affiné pour s'opposer inexorablement à des vues aussi accusées; il fournit même à son fils les ressources nécessaires pour entreprendre une sorte de voyage d'essai jusqu'aux abords du Sahara proprement dit.

Depuis cinq ans seulement Laghouat était occupé par la France et une route de poste ne reliait pas encore cette localité à Alger, dont elle est distante d'environ 400 kilomètres. Ce trajet, qui ne comportait ni fatigues excessives, ni grandes difficultés de préparation et d'accomplissement, était bien choisi pour former un débutant à la pratique du voyage en pays arabe.

Henri Duveyrier pouvait, d'ailleurs, compter sur les conseils de deux hommes qui dirigèrent ses premiers pas dans la carrière de l'exploration.

L'un d'eux, un ami de Charles Duveyrier, était le docteur Warnier, homme de grand savoir et de grand sens, établi en Algérie depuis plusieurs années.

L'autre, Oscar Mac-Carthy, digne fils d'un géographe en renom, avait plus spécialement tourné ses recherches sur la géographie physique et la météorologie.

Habitué aux relations avec les indigènes, connaissant la manière de voyager, versé dans les sciences sur lesquelles repose l'étude géographique d'un pays, il fut un guide dévoué, précieux pour Henri Duveyrier; il lui apprit à observer, en lui indiquant les sujets sur lesquels doivent porter les observations. Il l'initia plus spécialement au maniement des instruments météorologiques.

Au cours de son *Journal*, le jeune voyageur se loue de

l'accueil plein de cordialité qu'il trouva auprès du commandant supérieur du cercle de Laghouat. Cet officier fut le général Margueritte, l'une des plus nobles et des plus glorieuses victimes du désastre de Sedan.

Ce voyage de début donna lieu à la première publication de Henri Duveyrier, une note sur quatre tribus berbères (Beni-Menasser, Zaouaoua, Beni Mzab, Touâreg Azdjer) et leurs dialectes; la Société orientale allemande la jugea digne d'être insérée dans son recueil (1858).

Les inexpériences de style du *Journal de voyage* ont été respectées, comme l'a été aussi l'orthographe adoptée alors par Henri Duveyrier pour les mots et les noms arabes.

Deux petites cartes dessinées par le voyageur pour permettre de suivre la lecture de son Journal de route ont été reproduites ici en *fac-simile*.

L'époque exacte à laquelle fut exécuté le portrait ajouté au présent volume n'a pu être déterminée; toutefois, elle ne saurait s'éloigner beaucoup de celle où s'accomplissait la course à Laghouat.

Deux ans plus tard, après une active, intelligente et laborieuse préparation, Henri Duveyrier s'engageait dans le voyage magistral (1859-1861) qui l'a placé d'emblée au rang des plus célèbres explorateurs de l'Afrique inconnue.

Le journal de ce voyage, resté inédit, sera publié, avec un travail biographique, par les soins d'une profonde et fidèle amitié.

Charles MAUNOIR.

Mon cher père,

Permets-moi de te dédier cette relation de mon premier voyage, comme témoignage de la sincère reconnaissance que j'ai de ce que tu m'as donné les moyens de l'exécuter, et de la confiance en moi dont tu as fait preuve en me permettant de voyager seul dans un pays comme l'Algérie, à un âge où tous les fils ne jouissent pas de la confiance que tu as montrée à mon égard.

J'espère avoir profité de ce voyage autant que cela m'était possible. J'y ai beaucoup appris, tant en ce qui regarde l'étude de la nature, la géographie, l'histoire, la langue arabe, qu'en ce qui concerne la connaissance des hommes, en général. Si je n'ai pas mieux fait, c'est faute de notions générales sur le pays, que j'aurais dû posséder avant d'aller en Algérie, et dont j'ai bientôt senti la nécessité. Comme j'avais tout à apprendre, je n'ai pas pu entrer dans les détails autant que je l'aurais fait, si j'avais eu, en arrivant, quelques notions vraies du pays et de ses habitants.

S'il m'est donné de faire un autre voyage en Algérie ou dans quelque autre partie du nord de l'Afrique, je ne serai plus tout à fait novice. J'ai perdu les préjugés qui courent en Europe sur le climat, la nature et les habitants de ces contrées, et je crois m'être formé, à cet égard, une opinion qui n'est pas éloignée de la vérité.

Ton fils affectionné et reconnaissant,

Henri Duveyrier.

REMARQUES

J'ai omis la description du K'obr roumiïa, les itinéraires que Moh'ammed Ah'med nous a donnés, mes remarques sur les Berbers et six vocabulaires des dialectes des Beni Menasser, des Zaouaoua, des Beni Mzâb, des Touâreg Azr'eur et des langues de Bernou et de Timbouclou, pensant que ces documents n'auraient pas la même valeur pour tout le monde que pour moi.

Tous les mots arabes que j'ai cités sont écrits comme on les prononce dans la Mar'reb.

Dans les cartes le signe ♉ désigne la *coubba* (chapelle et tombeau) d'un marabout; le signe □ indique un caravansérail; un douar ou village nomade; le trait rouge marque l'itinéraire que j'ai suivi, le trait vert signale les endroits où croît le *h'alfa*. La lettre R. indique des ruines autochtones et les lettres R. R. s'appliquent aux ruines romaines.

Comme je suis l'orthographe arabe, j'écris Mitidja, Mtidja; Blidah, Belïda; Médéah, Mediïa; Boghar, Bou R'ar et Lagouat (quelquefois Laghouat, El-Aghouat), Lar'ouât!

HENRI DUVEYRIER
VERS L'AGE DE 16 ANS.

JOURNAL D'UN VOYAGE

DANS

LA PROVINCE D'ALGER

(Eldjezâïer) Alger, 26 février 1857.

J'arrivai à Alger avec bien du contentement. Du bateau qui venait d'entrer dans la rade, je promenais mes regards avides sur cette ville dont j'avais tant entendu parler, et vers laquelle depuis quelque temps mes plus chers désirs s'étaient dirigés. Cette terre d'Afrique, que je voyais alors pour la première fois, avait pour moi quantité d'attraits; j'allais y voir des Arabes, et être en contact avec ce peuple que j'affectionnais déjà sans le connaître; j'allais voir une nature nouvelle et fouler ce continent mystérieux et si peu connu; enfin, j'étais alors tellement secoué par la mer, que je désirais aussi sentir autre chose qu'un navire sous mes pieds. J'employai les quelques instants qu'il fallut attendre à bord le permis de débarquement, à contempler attentivement le spectacle de la ville, des jardins et des campagnes qui l'entourent, et enfin vers la gauche l'aspect imposant des hautes montagnes de la Cabylie indépendante, dont les cimes neigeuses s'élevaient à l'horizon. — Alger, bâti en amphithéâtre sur une colline, a la figure d'un cône blanchâtre, dont la ville française forme la base, et la ville mauresque couronnée par la K'as'ba (1), le sommet. Cette teinte blanche répandue sur Alger a frappé tous les voyageurs, et les Arabes mêmes ont sur Alger un joli dicton qui commence par : Eldjézâïer (Alger), Keldjéïer (blanc) comme la chaux.

A peine fûmes-nous à terre, que je fus un instant choqué par l'aspect passablement ignoble d'une nuée de Maltais qui se disputaient mes paquets. Or, ma malle était assez légère et chacun se l'arrachait, dans l'espérance de gagner sa pièce sans beaucoup de peine. Un jeune Maltais s'en était enfin emparé au détriment d'un vieux qui le premier s'était offert, lorsqu'un grand gaillard, qui dépassait tous les autres de la tête et paraissait leur chef, la lui fit lâcher et la remit au vieux, en gourmandant le jeune coquin de sa paresse et de son injustice, et en accompagnant sa démonstration de quelques vigoureux coups de poing, qui arrêtèrent admirablement à propos un torrent de sottises où le jeune Maltais allait exprimer son mécontentement.

Cependant, cette petite scène venait de m'apprendre deux choses : d'abord, que l'idiome maltais est un dialecte sémitique, tellement rapproché de l'arabe que les Algériens le comprennent (2); ensuite qu'il y a toujours un peu de justice jusque chez les Maltais.

Après avoir déposé mes effets à l'hôtel de l'Europe, je me rendis chez M. Mac-Carthy, que je trouvai devant une immense table couverte de cartes du S'ah'ra et d'ouvrages géographiques. Il me reçut très amicalement et m'offrit de m'accompa-

(1) La citadelle.

(2) Quelques expressions maltaises sont même de plus pur arabe que les équivalentes usitées en Algérie. Je citerai seulement le mot maltais *t'efla*; en algérien *t'ofla*, « petite fille ». a. l. t'ifla.

gner dans mon voyage à Lar'ouât; et comme je m'informais de M. Warnier : « M. Warnier, me dit-il, est à sa campagne de K'andourî, et si vous voulez, nous irons le voir demain. » — Nous allâmes ensuite chez M. Clerc, neveu de M. le Dr Perron et connaisseur de la langue arabe. Je lui remis une lettre dont mon père m'avait chargé pour lui, et il fut aussi très complaisant envers moi.— Ensuite M. Mac-Carthy et moi nous nous séparâmes, nous donnant rendez-vous pour le lendemain à six heures.

A mon retour à l'hôtel, je trouvai M. Graban, Allemand de Brême, que je connaissais déjà un peu pour avoir entendu parler de lui, et avec lequel je dînai.

K'andourî, 27 février 1857.

A six heures du matin, comme nous en étions convenus M. Mac-Carthy et moi, nous nous trouvions à la diligence de K'ole'aa. Nous devions aller jusqu'à cette ville par la diligence et faire ensuite comme nous pourrions les 12 kilomètres qui séparent K'andourî de K'ole'aa.

Nous prîmes place dans l'intérieur et j'eus la chance de me trouver en face d'une Mauresque qui allait à K'ole'aa accompagnée d'une négresse. D'abord elle parla à travers son voile à un Monsieur qui était à côté d'elle; puis, quand nous fûmes sortis de la ville, elle ôta son voile, arrangea ses cheveux, quitta ses souliers et s'accroupit sur la banquette absolument comme si elle eût été dans sa chambre. C'était une bonne occasion de connaître l'habillement des Mauresques, et j'en profitai. Cette Mauresque pouvait avoir vingt ans, était assez jolie, et avait de beaux cheveux noirs. Comme elle parlait français, nous fîmes un peu la conversation; je lui demandai de voir son h'aik (1) qu'elle

(1) Pièce d'étoffe de laine très fine, pour couvrir la tête et le haut du corps.

avait ôté et qui était à côté d'elle, et elle me le donna immédiatement. Bientôt, elle tira de son sein un joli petit sachet renfermant du tabac à fumer et fit une cigarette qu'elle m'offrit; elle fut bien étonnée de ce que je ne fumais pas. Son habillement se composait d'une veste de velours bleu ciel avec des ornements et des boutons d'argent, les manches en étaient fort larges et fort ornées; sous la veste était un petit gilet de soie ouvert sur la poitrine. Ses pantalons, très amples, attachés au-dessus de la cheville, étaient d'une étoffe également très fine et laissaient voir son joli pied. Sa coiffure consistait en une espèce de calotte très riche sur le sommet de la tête. Lorsqu'elle sortit, elle remit son voile et s'enveloppa de son h'aik. Cet accoutrement cache complètement les cheveux et ne laisse voir que les deux yeux.

Voici la liste des localités qui se trouvent sur la route de K'ole'aa. D'abord on arrive à Staouéli, puis à Z'éradla, ensuite on passe l'oued Mâ-Zafrân, ce qui veut dire « le fleuve d'eau jaune », qui méritait bien son nom ce jour-là, car la rivière avait débordé et l'eau charriait une quantité de terre ayant la couleur de l'ocre; enfin vient Douaouda, qui est le dernier relai avant K'ole'aa. Pendant le trajet, M. Mac-Carthy m'avait donné une idée de la flore du Sah'el (1), me nommant toutes les plantes nouvelles pour moi et m'énumérant leurs qualités. Les principales plantes étaient la *Scilla maritima* « Bs'ol Faraoun » ou l'oignon de Pharaon. Ce nom lui a été donné, à ce qu'il paraît, parce que, dans une expédition que fit Pharaon en Mauritanie, ses soldats se nourrirent de ces oignons. Le bulbe de cette plante est regardé par les indigènes comme un excellent remède contre les épuisements. On creuse le milieu de l'oignon et l'on y fait entrer un poulet désossé, puis on fait cuire le tout, et

(1) La Côte.

ce mets est servi au malade. — Le palmier nain « douma », dont les indigènes emploient les feuilles à la confection de cordes très solides. Enfin l'asphodèle « berouâg » dont les jolies fleurs avaient tant frappé les anciens.

Il y avait marché à K'ole'aa, et on voyait une grande quantité d'Arabes Souah'elïa (1) rassemblés pour leurs affaires. C'était la première fois que je voyais un aussi grand nombre d'indigènes réunis, et je leur trouvai une fort mauvaise mine. Ayant fait part de ma remarque à M. Mac-Carthy, il me répondit : « Ne craignez rien, s'il y en a quelques-uns qui vous regardent de côté, c'est qu'ils redoutent que vous ne leur fassiez administrer des coups de bâton. » — Nous espérions trouver quelques indigènes de K'andourî au marché, mais nous ne pûmes en voir aucun.

Maintenant, en grande partie francisée, K'ole'aa a été réputée sainte par les musulmans, car elle fut la demeure de Sidi Embârek, marabout très renommé dans le Mar'reb (2), dont la famille habite K'ole'aa encore aujourd'hui. Un des Ouelèd Sîdi Embârek dévoués à la cause d'Abd-el-Kâder fut fait prisonnier en même temps que lui, et conduit avec l'émir au château de Pau ; il revit cependant sa patrie, grâce à l'intercession d'un ami alors puissant auprès du gouvernement français.

Nous déjeunâmes et partîmes à pied. Nous étions dans la Mtidja, le chemin était très accidenté et fort pittoresque, car entre K'ole'aa et K'andourî, il n'y a pas de terres cultivées si l'on excepte quelques mauvais défrichements indigènes. La végétation était fort belle, composée de lentisques « dhrou » et de lauriers roses « deufla ». De temps en temps nous apercevions quelques troupeaux, mais ils n'étaient pas bien brillants, car, outre que l'hiver avait été très rude, les espèces bovines ne sont pas ici aussi belles que les nôtres. Nous rencontrâmes des nobles

(1) Habitants du Sah'el.
(2) L'occident.

arabes montés sur de beaux chevaux bien harnachés, et précédés de deux lévriers.

A moitié route est une source nommée Aïn Tictaca où nous joignîmes quelques Arabes conduisant trois chameaux, et qui faisaient la même route que nous ; nous interrogeâmes ces indigènes sur les noms de plusieurs plantes, et ils nous répondirent assez aimablement. Plus loin nous prîmes du café dans ce que l'on appelle ici un « café maure », espèce de *gourbi* (hutte) au bord d'un chemin, qui sert de station aux voyageurs arabes et où l'on est toujours sûr de trouver de l'eau, du café et quelquefois même du tabac. La tasse de café maure se vend pour la somme modique de 5 centimes ou d'un sou (*sordi*), car les centimes n'ont pas encore pénétré jusqu'ici. Enfin, après une marche de quatre heures, au détour d'une colline, nous aperçûmes la maison de M. Warnier qui en couronne le faîte, et quelques instants après, nous étions assis auprès d'un bon feu dans la grande salle.

A peine étais-je assis que M. Warnier arriva, et après m'avoir souhaité la bienvenue, sans me laisser le temps de me reposer, il m'entraîna dehors en me disant : « Venez, Henri, je vais vous montrer la nature sauvage, les horreurs de la forêt vierge, vous n'avez encore rien vu de pareil. » Et il continua à me parler de la sorte, jusqu'à ce que nous eûmes atteint la lisière de la forêt. Il s'arrêta là, tira un mètre de sa poche et mesura un des premiers arbres : il avait quatre mètres et demi de circonférence, à trois pieds du sol. Puis nous avançâmes encore quoique avec quelque difficulté, car la nuit arrivait et l'obscurité commençait à se répandre dans la plaine. Bientôt, grâce aux dernières lueurs du jour, je vis un spectacle superbe. A quelques pas de nous était un ravin, au fond duquel coulait un ruisseau. Les côtés du ravin étaient couverts d'arbres de toutes sortes et de toutes grandeurs, dont quelques-uns étaient morts étouffés sous les étreintes de lianes vigoureuses, qui, grimpant le long du tronc et suivant ses branches, les couvraient de verdure et faisaient douter un instant si l'arbre étaient vraiment mort. Tous les arbres étaient unis les uns aux autres par ces lianes, ce qui formait un fourré à peu près impénétrable. Je remarquai que beaucoup de ces lianes n'étaient autre chose que d'immenses plantes de vigne sauvage, dont quelques-unes avaient deux et trois pieds de circonférence; on y remarquait aussi de la salsepareille de Mauritanie et la *Clematis flamula*. Après avoir admiré quelque temps ce magnifique spectacle nous retournâmes, et après un bon dîner nous allâmes nous coucher. — Avant de nous endormir, disons quelques mots sur la maison de M. Warnier. De cet établissement, qui doit comprendre une ferme complète, il n'y a encore de terminé que la maison qui, étant un composé du style mauresque et du style français, se trouve parfaitement accommodée au climat du pays et aux besoins des habitants. Le rez-de-chaussée est voûté en arches, le second étage est à la française et surmonté d'une terrasse qui regarde vers l'ouest, tandis que du côté opposé il y en a un troisième qui n'est à proprement parler qu'un grenier recouvert par un toit. Deux gourbis, servant comme atelier et écurie, sont bâtis près de la maison en attendant que les travaux soient terminés. Tel est ce petit château qui passe pour une merveille aux yeux des Arabes.

28 février.

Le matin de bonne heure, M. Mac-Carthy ayant pris congé de nous, repartit pour Alger, où il voulait terminer quelques affaires avant de partir avec moi pour le S'ah'ra.

M. Warnier avait organisé une excursion pour explorer un des bras de l'Oued Ouedjèr. Le caporal commandant des condamnés militaires arriva dans la matinée, et nous partîmes tous les trois pour faire une reconnaissance des lieux, du côté où nous traverserions le fleuve. La partie de la Mtidja où est situé K'andourî est peu éloignée du lac H'alloula, et par conséquent sujette à être inondée par le trop-plein de ces vastes marécages, ainsi que par les crues de l'Ouedjèr et du Ma Zafrân. Aussi, après l'hiver désastreux qui venait de sévir sur l'Algérie, le sol que nous foulions était-il à l'état de boue argileuse. Nous passions alternativement à travers des bois taillis de prunelliers, de lentisques, de lauriers entremêlés de lianes, et des prairies couvertes d'asphodèle ou des asphodelières (1).

En arrivant au bord de l'Ouedjèr, je fus frappé par le spectacle qui s'offrait à nos yeux. La rivière coulait à quelques pas de nous dans le milieu d'un ravin qu'elle avait creusé et dont elle sape encore continuellement les bords, ce qui occasionne de fréquents éboulements. Elle charriait une quantité de débris que ses eaux avaient entraînés dans la dernière inondation, et ses rives en étaient couvertes. Ce ravin de l'Ouedjèr est frayé au travers d'une forêt primitive, de sorte qu'il n'y a aucune séparation entre le ravin et les arbres de la forêt. Je ferai remarquer ici que le mot arabe *Ouedjèr* signifie « partie d'une vallée creusée par la force d'un torrent », ce qui correspond parfaitement avec la formation réelle de la rivière. En général, la connaissance de la langue d'un pays facilite beaucoup l'étude de sa géographie.

Nous fîmes lever un lièvre et plusieurs oiseaux sur notre passage, et nous vîmes les restes du repas de quelque bête féroce. Enfin nous revînmes à K'andourî pour déjeuner, et je profitai de la présence du cheikh (2) de K'andourî, Ahmed ben-el-Khoudja, originaire de la grande Cabylie, pour commencer un vocabulaire berbère du dialecte Zauaoua, que j'omets, pensant qu'il n'aurait que peu d'intérêt.

(1) Pour rendre l'expression arabe « *berouaguîa* ».

(2) Chef, maire (littéralement « ancien, vieux »); « maire » ne vient-il pas de « major », qui a quelquefois le sens d'aîné ?

Après le déjeuner, le caporal revint nous chercher ; nous nous armâmes chacun d'un fusil, et, après avoir retroussé nos pantalons à la hauteur de nos bottes, nous partîmes avec M. Warnier, qui seul était sans armes. Après avoir traversé l'Ouedjèr sur un pont qui n'avait rien de trop solide, nous disparûmes dans la forêt, suivant un sentier que les condamnés avaient taillé la veille pour nous faciliter l'exploration et qui n'était indiqué que par leurs pas et les traces d'une panthère qui les avait probablement poursuivis. Ces traces expliquèrent la panique qu'avaient eue les condamnés la veille, car ils étaient revenus au camp tout effarés, disant qu'ils avaient vu un lion. Ce lion n'était probablement pas autre chose que la panthère dont nous avions les empreintes sous les yeux. Le terrain sur lequel nous marchions était recouvert d'une couche d'alluvions d'un pied environ de profondeur, que la dernière inondation avait déposée, et dans laquelle on enfonçait à chaque pas, jusqu'à ce que le pied eût atteint le sol ferme. Cette boue jaunâtre rendait la marche pénible et lente.

Nous longeâmes le bras de l'Ouedjèr en question pendant toute l'étendue de son cours, ce qui nous prit deux heures, et comme il nous restait encore plusieurs heures de jour, le caporal et moi nous quittâmes M. Warnier et nous dirigeâmes vers le lac H'alloula pour y chasser. Nous nous avançâmes jusqu'aux marais qui précèdent le lac du côté de K'andourî, j'eus même une vue sur la nappe d'eau du lac, en escaladant une colline, puis nous retournâmes à K'andourî. Je n'avais tué qu'un loriot d'Afrique. Nous vîmes sur notre route plusieurs chameaux et quelques troupeaux. En revenant, je remarquai aux environs de K'andourî les traces de la route romaine et la moitié d'une pierre milliaire, fragment qui contenait MIL.

Avant la tombée de la nuit, M. Warnier me montra, de la terrasse, le monument que les Arabes appellent « K'obr roumiïa, » qui se dessinait sur une colline dans le lointain et qu'éclairait alors le soleil couchant. Ce monument est le tombeau commun de la famille royale de Numidie, comme le prouve ce passage de Pomponius Mela (l. I, cap. vi) : « Urbium quas habet, maximae sunt Cirta procul a mari, nunc Sittianorum colonia ; quondam regum domus, et cum Syphacis foret, opulentissima ; Iol ad mare, aliquando ignobilis ; nunc, quia Jubæ regia fuit, et quod Cæsarea vocitatur, illustris. Citra hanc, nam in medio ferme littore sita est, Cartenna et Arsinna sunt oppida, et Aviza castellum, et Laturus sinus, et Sardabale fluvius : ultra, Monumentum commune regiae gentis, deinde Icosium et Ruthisia urbes..... »

Les Français appellent ce monument « Le tombeau de la chrétienne », ce qui est dû une mauvaise interprétation du nom arabe ; on a pris « roumiïa », pour un substantif tandis que c'est simplement un adjectif. K'obr roumiïa doit se traduire par « le tombeau romain », quoique ce monument soit plus berbère qu'autre chose. Mais les Arabes, à leur arrivée en Mauritanie, n'ont pas fait de distinction entre ce tombeau bâti par les autochthones et les nombreuses constructions romaines dont le pays était couvert (1).

1er mars.

Il y a deux villages indigènes sur les terres de M. Warnier. K'andourî est le plus proche de sa maison, l'autre se nomme Kherchî, du nom de la rivière près de laquelle ce village est bâti. M. Warnier étant d'un caractère bon et doux, s'est fait aimer et respecter des habitants des deux villages. Quelquefois, des bœufs appartenant aux indigènes étaient venus dans ses cultures et y avaient fait des dégâts ; il s'en est toujours tenu à faire des représentations aux propriétaires des animaux, au lieu de les chasser

(1) En 1866, MM. Berbrugger et Mac-Carthy ayant fouillé le tombeau, y ont trouvé, gravés sur une pierre, des caractères qui appartiennent à l'alphabet libyque. C. M.

de ses terres comme l'auraient fait d'autres à sa place. Il résolut d'aller faire une visite aux villages dans la matinée, pour me montrer un peu les gourbis, et pour voir aussi lui-même les villages qu'il n'avait pas encore visités. Ben Djoubân, jeune Berbère très intelligent, étant venu au « bordj » (1) dans la matinée, nous résolûmes de profiter de ce qu'il était là pour nous en servir comme guide, et nous partîmes. A peine fûmes-nous en vue du village, que toute la meute des chiens commença un concert affreux d'aboiements et de hurlements, et s'avança du côté vers lequel nous allions arriver, en formant une ligne de défense. Nous fûmes alors poliment avertis de couper des bâtons; Ben Djoubân cria vers le village que nous arrivions, et bientôt nous vîmes venir à nous plusieurs indigènes armés de gourdins. Alors eut lieu une lutte vraiment plaisante, où je fis des exploits dignes de don Quichotte. Les chiens, attaqués par derrière par leurs propres maîtres qui s'efforçaient de nous frayer un passage, et ayant devant eux trois antagonistes non moins redoutables, poussaient des cris, des aboiements désespérés, mordaient les bâtons, se ruaient les uns sur les autres et se déchiraient de rage, mais n'abandonnaient pas le champ de bataille.

Cet état de choses dura tout le temps de notre séjour, et à notre sortie, nous fûmes escortés par une bande de chiens jusqu'au village de Kherchî. La vie des chiens arabes m'a paru tellement curieuse que je leur consacrerai quelques lignes à la fin de ma narration (2) pour décrire un peu leurs habitudes. Quand M. Warnier eut exposé le but de notre visite, un des grands du village (qu'on me pardonne cette remarque, mais on les appelle ici aussi quelquefois « grands pouilleux ») fit évacuer son gourbi par les femmes qui passèrent chez la voisine, et on nous fit entrer. L'ameublement était des plus simples; quelques

(1) C'est ainsi que les Arabes appellent les maisons européennes isolées.

(2) Voir à la suite du *Journal de Voyage*.

nattes, un foyer composé de trois pierres, des plats de différentes grandeurs, deux ou trois cruches, un métier à tisser, voilà à peu près ce que renfermait cette hutte. Le maître du logis nous expliquait très obligeamment le nom et l'usage de tout ce que nous voyions depuis le « dïs » (*Arundo fraguntes*) dont le toit de son gourbi était fait jusqu'au « késkés » ou instrument de cuisine indispensable pour la confection du fameux couscoussou (en arabe, *taam*) auquel les Français ont attribué un nom dérivé de celui du plat.

Peu à peu, un cercle de curieux s'était formé tout autour de la cabane où nous étions entrés; c'étaient des enfants, dans leur attitude classique, ressemblant à de petits magots; puis venaient des jeunes filles de onze à treize ans, dont quelques-unes étaient assez jolies; profitant de ce que leur âge excusait encore leur présence, elles voulaient aussi se donner la satisfaction de voir des Roumis (1); enfin venaient les hommes que leurs occupations n'avaient pas appelés aux champs; à quelques pas plus loin les chiens avaient reformé leur ligne d'attaque et aboyaient à qui mieux mieux. Sur ces entrefaites on apporta du lait, car, comme tout le monde sait, l'hospitalité arabe veut que l'hôte ne s'en aille pas sans avoir « rassasié son ventre », ce que l'on pourrait traduire en français par « prendre quelque chose ». Je bus donc à la manière arabe, c'est-à-dire avalant d'abord une gorgée, m'arrêtant pour prendre haleine puis, reprenant la jatte et buvant tout d'un trait jusqu'à ce que j'en aie assez. Le vase fut ensuite présenté à M. Warnier qui fumait un cigare; il refusa, disant : « Non, je n'en veux point. » Le maître lui répondit : « Comment, tu t'en irais sans avoir rien pris? » — « Cherobt ed doukhân (2), j'ai fumé, » répon-

(1) Ce mot signifie maintenant chrétien.

(2) Littéralement : « J'ai bu la fumée ». M. Warnier faisait donc un jeu de mots. Il avait pris quelque chose.

dit en riant M. Warnier, et le brave Berbère fut satisfait.

Avant de parler de notre visite au second village, je vais dire quelque chose de la manière dont on élève, ou plutôt dont on n'élève pas les enfants. D'abord, tant qu'un enfant ne peut pas marcher, il reste dans le gourbi de ses parents, car rarement sa mère l'emmène au dehors avec elle. Mais à peine commence-t-il à marcher, qu'il se dédommage amplement, passant la journée dehors et ne rentrant que quand il y est forcé. Les petits enfants vont ordinairement tout nus, quelquefois cependant on leur met une chemise à grandes raies de couleur; ce n'est que lorsqu'ils sont plus grands qu'on leur donne un burnous. Ils passent leur enfance sur les tas de fumier, se vautrant avec les chiens et les moutons, littéralement rongés par la vermine. Ils ont presque toujours des mouches aux coins des yeux et leur pauvre petit corps est criblé de piqûres de moustiques. Ils sont élevés dans la crainte des « djounoun » (1) et des Roumis, qui, au dire de leurs mamans, dévorent impitoyablement les petits enfants. En ma qualité de Roumi il m'est souvent arrivé de faire pleurer et crier de désespoir des petits enfants que j'engageais amicalement à venir à moi, avec la bonne intention de leur donner un gros morceau de sucre; les malheureux croyaient que je ne me servais du sucre que comme appât, pour les manger ensuite à belles dents aussitôt qu'ils seraient à ma portée. Cependant il m'est arrivé, comme on le verra plus tard, de trouver chez les nomades du S'ah'ra, des esprits forts de cinq ans, bien au-dessus de ces grossières superstitions.

En sortant de K'andourì nous nous dirigeâmes sur Kherchì, le second village, où nous fîmes notre entrée d'une manière toute différente de la première. Au lieu d'être annoncés longtemps d'avance par les chiens comme à K'andourì, qui, étant placé sur

(1) Pluriel de « djinn » esprit, fantôme, spectre.

une éminence qui domine la plaine, nous surprîmes les habitants et les chiens de Kherchî, en apparaissant tout à coup sur le bord de la dépression de terrain au fond de laquelle le village est bâti. Notre apparition mit tout le monde en émoi; deux femmes vêtues d'une simple chemise, qui préparaient paisiblement leur couscoussou en plein air, ne nous eurent pas plus tôt vus, qu'elles s'enfuirent dans le plus proche gourbi en jetant des cris, et en sortirent bientôt enveloppées toutes deux dans le même burnous, pour pouvoir gagner leur hutte dans un état plus convenable. Je remarquai que, malgré l'exiguïté du vêtement, elles s'étaient voilé la tête et la figure, trouvant moins inconvenant de laisser voir leurs jambes nues que leur visage sans voile. Sans doute, c'étaient des femmes au-dessus du commun, car ainsi que je l'ai déjà dit, à la campagne les femmes ne portent pas de voiles. Nous eûmes, comme à K'andourî, un rude combat à livrer aux chiens qui se crurent probablement dans l'obligation de redoubler leur vacarme pour compenser leur négligence à avertir à temps de notre approche. Nous fûmes reçus par un Berbère qui nous présenta ses enfants tous très jeunes. Parmi eux était une petite fille de deux ou trois ans qui portait à son cou plusieurs amulettes enfilées dans un cordon. C'était d'abord un verset du Coran, enfermé dans un sachet de cuir, ensuite un « courie » (coquillage qu'on nomme en français « pucelage »), (1) une pièce d'argent de frappe arabe (2) et un morceau de racine de ruë. La première amulette devait lui porter bonheur durant toute sa vie, la seconde conserver sa chasteté, la troisième devait lui apporter des richesses et la dernière éloigner d'elle les « djounoun ». Ayant aperçu dans le gourbi des cordes en feuilles de palmier nain, je demandai à voir comment on les fabriquait. Un indigène prit immédiatement quelques feuilles et me fit une

(1) En arabe « ouda ».
(2) C'était un « themen ».

corde que j'emportai. Je vis dans un coin de la hutte un moulin, composé de deux pierres très dures qui, étant mises en mouvement l'une sur l'autre, broient les grains qui se trouvent entre elles. Cette pénible tâche est laissée aux femmes, comme de juste, puisque c'est à elles que sont réservés les travaux les plus durs. Devant chaque gourbi est un lit aérien élevé sur des perches de 6 pieds de hauteur, et sur lequel toute la famille va chercher en été un refuge contre les innombrables moustiques qui sortent à cette époque du marais du H'alloula, et qui, chose singulière, ne s'élèvent pas à plus de 4 pieds du sol. Ces lits sont particuliers aux parties marécageuses du Teull. Le Berbère dans la hutte duquel nous étions nous dit que, lors de l'arrivée des Français, il possédait une maison dans la montagne, mais qu'elle fut brûlée pendant la guerre. M. Warnier lui répondit que si, au lieu de tirer sur les Français, il leur avait apporté du miel et de la farine, ses biens auraient été épargnés. Cette réponse satisfit complètement notre hôte, qui dit alors d'un air convaincu et en branlant la tête « bes'sah' » (c'est vrai!). En sortant du village nous examinâmes les silos des habitants de Kherchi. Ce sont des trous ronds, faits dans un terrain incliné où par conséquent les eaux ne séjournent pas, et que l'on recouvre alors seulement qu'ils renferment des grains.

Dans l'après-midi je décidai de faire une excursion dans le but d'examiner de près le K'obr roumiïa. Mothay, le menuisier de M. Warnier, et le maçon s'offrirent pour m'accompagner, ce que j'acceptai avec empressement; car, ignorant comme je l'étais du chemin et du terrain, j'aurais grandement risqué de me fourvoyer, peut-être même de disparaître dans quelque ravin, si je n'avais pas eu de guide. Je pris un fusil, car j'avais l'habitude de ne jamais sortir sans arme, Mothay prit l'autre, et nous partîmes.

Comme nous commencions à manquer de capsules, Mothay

en demanda en *çabir*(1), au premier café maure que nous rencontrâmes ; mais, comme on croyait probablement que nous ne les paierions pas, on nous dit qu'on n'en avait pas. Arrivés au bord du lac H'alloula, nous vîmes un autre café maure, et cette fois-ci, je me chargeai d'en demander. Je m'assis d'abord et demandai deux tasses de café, j'en pris une pour moi et j'offris l'autre, par politique, à mon voisin avec lequel j'entrai immédiatement en conversation. Je demandai ensuite en bon arabe, à la société, si quelqu'un avait des capsules. Deux individus m'en offrirent, et ne voulurent pas même entendre parler de paiement. Nous continuâmes notre route, et après avoir erré longtemps dans la montagne, nous finîmes par nous égarer dans des ravins couverts de broussailles de jujubiers sauvages (2), entrecoupés de torrents et de bourbiers ; Dieu sait où nous aurions été si un berger arabe ne nous eût indiqué le bon chemin, du haut d'une élévation où il se trouvait. On lui donna une récompense, et nous poursuivîmes notre chemin devenu plus aisé. Si jamais quelqu'un désire faire comme moi l'ascension de la petite montagne sur le sommet de laquelle s'élève le monument, qu'il longe le lac H'alloula, jusqu'à ce qu'il se trouve juste au-dessous du tombeau, et qu'alors seulement il commence l'ascension ; c'est là le vrai chemin.

Un épais brouillard venant de la mer s'avançait vers nous et avait déjà enveloppé le monument, de sorte que nous ne pûmes savoir que nous étions arrivés que lorsque nous n'en fûmes plus qu'à quelques pas. Mes deux compagnons, peu touchés de l'aspect d'un monument aussi vénérable, disparurent bientôt dans le brouillard, faisant des calculs, le maçon sur la quantité de pierres et de matériaux qu'il avait fallu pour le

(1) C'est la langue franque, un mélange de toutes langues parlées sur les rivages de la Méditerranée.

(2) *Rhamnus Nubea.*

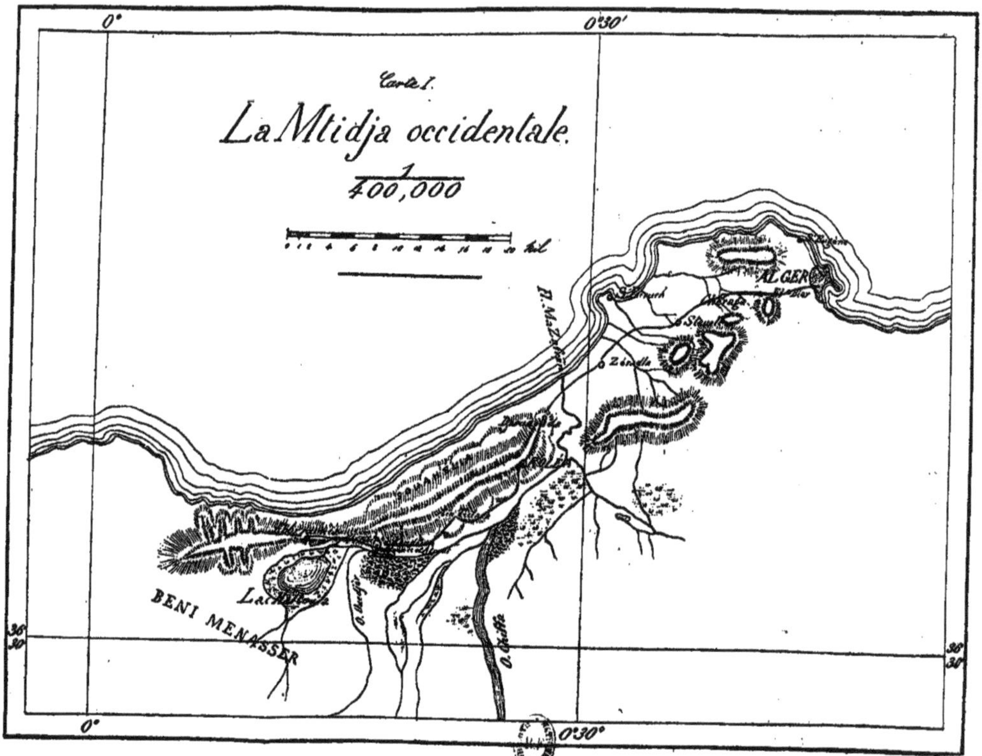
Carte I.
La Mtidja occidentale.
1/400,000
0°
0°30'
ALGER
BENI MENASSER
36° 30'

construire, et le menuisier, qui possédait quelque teinture d'architecture, sur les proportions de la pyramide. Quant à moi, je m'assis sur une pierre pour me recueillir un instant devant ce vestige des temps passés. J'étais devant la sépulture des rois de Mauritanie; j'avais devant les yeux un monument qui avait été témoin de bien des révolutions, depuis les luttes des races autochthones de l'Afrique contre la domination romaine, jusqu'à la conquête du pays par les armées françaises. Sous cet amas de pierres, aujourd'hui presque abandonné, presque ignoré des Européens, reposaient les restes de plusieurs rois puissants qui avaient régné sur des peuples berbères; et maintenant, les descendants de leurs sujets croupissaient dans une telle ignorance sur leur passé, qu'ils prenaient le tombeau de leurs rois pour la coubba (1) d'un marabout chrétien! Telles furent les réflexions qui se présentèrent d'abord à mon esprit. — Je restai environ une demi-heure dans la même position, plongé dans d'agréables rêveries, me plaisant dans l'idée de mon isolement au milieu d'un peuple barbare. Je me demandais ce que faisaient mon père, mon frère et ma sœur, tandis que moi, venu en pèlerinage au pied du tombeau des anciens rois du pays, je reportais avec bonheur mes pensées vers le foyer paternel. C'était un dimanche, et il était déjà tard; probablement mes parents étaient réunis à table et parlaient de moi, et cette communion d'esprit me rendait heureux.

Avant de quitter la dernière demeure des Jubas, je voulus gravir la pyramide, et j'arrivai sur la plate-forme qui la termine. Malheureusement le brouillard était si intense que je ne pus même pas soupçonner la vue magnifique que l'on a, par un beau temps, du haut de ce monument. En descendant, je trouvai Mothay et son compagnon prêts à partir. Cependant,

(1) Espèce de chapelle renfermant le tombeau d'un saint.

avant de nous mettre en marche, je dis à Mothay de décharger son fusil en même temps que moi, pour faire notre salut d'adieu ; les quatre détonations furent répétées longuement par les échos et firent fuir un couple de perdrix cachées dans le doux feuillage d'un petit olivier qui a pris racine entre les pierres, au milieu de la façade sud du tombeau.

Nous descendîmes du côté du lac, suivant un chemin beaucoup meilleur que celui par lequel nous étions venus. — A peine avions-nous dépassé les derniers marécages à l'est du H'alloula, que nous aperçûmes un énorme oiseau perché sur un petit arbre, au bord du chemin. Il faisait déjà nuit, nous ne pouvions pas bien le distinguer, et il s'envola en faisant la culbute au moment où nous allions faire feu. Nous reconnûmes alors que c'était un hibou.

En passant nous vîmes la coubba d'un marabout, dont je n'ai pas pu savoir le nom. C'était un espace de quelques pieds carrés, entouré de pierres, sous un arbre aux branches duquel pendaient quelques chiffons. Dans l'enceinte de pierres étaient quelques lampes cassées et un plat où les indigènes vont quelquefois brûler de l'huile ou de l'encens. Entre les pierres on avait planté quelques bâtons, auxquels on avait aussi attaché des chiffons. On verra plus tard combien les jolies coubbas (1) du sud diffèrent de cette image de pauvreté et d'abandon. — Près de là était un cimetière ; les tombes ne sont marquées que par une petite butte de terre de forme allongée, à la tête et aux pieds de laquelle on plante un pieu ; mais il n'y a, du reste, aucune inscription. On recouvre les nouvelles tombes d'un amas de ronces et de branches de jujubier sauvage pour empêcher les bêtes fauves de venir déterrer les cadavres. Plusieurs des anciennes tombes, au contraire, défoncées par le temps et les

(1) Pluriel de « coubba »

intempéries des saisons, servent maintenant de demeure aux chacals et aux porcs-épics.

Quand nous arrivâmes au bordj, la nuit était déjà avancée et les chacals et les hyènes avaient commencé leur ronde.

2 mars.

Je passai la matinée à courir, le fusil sur l'épaule, de l'autre côté de l'Oued Kherchi, à travers des broussailles et des ravins, où je m'attendais à tout moment à être en présence d'une panthère, car de temps en temps une odeur fétide de bête féroce indiquait que quelqu'une de ces bêtes à belles robes avait passé par là peu auparavant. Cette attente me plaisait; j'aurais désiré voir une panthère, non pas pour la tuer, car n'ayant pas de balles dans mon fusil, je ne pouvais pas même y penser, mais pour le plaisir de la voir en liberté. Malheureusement je n'eus pas ce bonheur.

Après le dîner, un Arabe nommé Abd-el-Kader, chasseur de profession, vint me chercher pour aller chasser avec lui sur le lac H'alloula. Chemin faisant, en passant sur les bords de l'Ouedjèr, nous vîmes à la hauteur de Kherchi, une dizaine de femmes arabes qui puisaient de l'eau dans des outres. On emploie à cet effet des peaux de chèvre ou de mouton, que l'on goudronne, et qui servent en même temps à conserver l'eau dans les cabanes. A la longue ces outres perdent la mauvaise odeur du cuir et ne laissent à l'eau qu'un petit goût de goudron.

Lorsque nous fûmes arrivés au lac, nous nous arrêtâmes dans le café maure dont j'ai déjà parlé, auprès duquel étaient deux mauvais petits bateaux, formés de cinq planches et calfatés avec des roseaux. Un de ces bateaux était pourri, l'autre ne valait guère mieux, mais comme je désirais absolument naviguer sur le lac et qu'il n'y avait que ces deux esquifs, je fus forcé d'entrer dans le meilleur des deux avec un Arabe qui, armé d'une perche et debout à l'arrière, le fit bientôt entrer en mouvement. Ce bateau n'était fait que pour un seul homme, et comme nous étions déjà deux dedans, Abd-el-Kader entra dans le café pour se consoler en avalant quelques tasses. — L'Arabe tâcha de diriger la barque vers de nombreuses bandes de poules d'eau et de canards sauvages qui sillonnaient la surface du lac. Bientôt, jugeant que nous étions à portée de fusil de la bande de poules d'eau la plus proche, j'ajustai, elles s'envolèrent, le coup partit et l'un de ces oiseaux retomba dans l'eau. J'aurais bien voulu aller le chercher, mais le vent qui avait soufflé toute la matinée redoubla tellement que les vagues entraient par-dessus les bords de la barque qui, surchargée, menaçait à chaque instant de nous faire prendre un bain, sinon de nous faire engloutir dans la vase, car ce lac, qui n'a guère plus de 3 ou 4 pieds de profondeur, est extrêmement vaseux. En rechargeant mon fusil je manquai faire chavirer la barque, et quand nous arrivâmes à terre, nous avions de l'eau presqu'au ras du bordage. Comme j'étais trempé, je jugeai à propos de revenir le le plus vite possible à K'andourî.

Un des incidents les plus curieux de la vie arabe, c'est la rentrée des troupeaux, et nous passions près de Kherchî justement à propos pour en être témoin. Il y avait un tumulte, une cohue dont on n'a pas d'idée; les bœufs mugissaient, les chiens aboyaient, les moutons bêlaient, les femmes et les enfants criaient, appelaient, les bergers allaient et venaient en maugréant contre tel veau, qui, d'une humeur trop folâtre, troublait l'ordre ou s'échappait par bonds dans la plaine, et surtout ils distribuaient des coups à tort et à travers. Enfin tout se case, tout s'apaise et lorsque la nuit arrive tout est silencieux et tout dort.

Tout en marchant, Abd-el-Kader me donna une idée des habitudes du gibier du pays. Une des chasses les moins pénibles et les moins difficiles, c'est celle de l'étourneau, oiseau qui foisonne dans cette partie de la Mtidja. A la tombée de la nuit ils vont se percher en masses sur les mêmes arbres; on remarque bien le soir l'endroit où il y a le plus de gazouillements, et quand les oiseaux sont endormis, on va tirer un coup de fusil sur chaque arbre de l'endroit. Le lendemain on revient, et l'on trouve les étourneaux tués par centaines au pied des arbres. Je demandai à Abd-el-Kader s'il n'y avait pas moyen de faire une chasse à l'affût à la panthère ou au moins à la hyène et au chacal, car j'aurais bien voulu tuer quelques-uns de ces animaux pour en avoir la peau. Malheureusement ni Abd-el-Kader, ni aucun autre chasseur ne semblait se soucier de me tenir compagnie dans une expédition de cette sorte; ensuite il n'y avait pas de bête morte pour appât, et les armes qui étaient à ma disposition furent jugées insuffisantes pour une semblable chasse.

Voici une petite esquisse de la topographie des environs de K'andourî, en prenant pour centre la maison de M. Warnier,

Profil du Petit Atlas vu de K'andouri le 3 Mars 1857

qui, située sur une colline, possède une vue magnifique. La maison est située sur le Coudiet-el-At'rous, mamelon qui s'élève au confluent de deux ruisseaux, savoir l'Aïn Fherina qui vient du nord-est et de l'Aïn Daouag qui vient du nord-ouest. A l'ouest se trouve le village de K'andourî et un peu plus loin, dans la même direction, vient celui de Kherchî, qui, comme je l'ai déjà dit plus haut, prend son nom de la petite rivière sur les bords de laquelle il est situé. Bien loin vers l'ouest on aperçoit le fameux K'obr roumiïa et un peu plus au sud le lac H'alloula qui est peu profond et en grande partie couvert de roseaux. Au sud coule l'Oued Ouedjèr qui a deux bras en cet endroit. Plus loin, à l'horizon, se trouve la chaîne de montagnes que l'on nomme ordinairement le Petit Atlas, dont un des principaux pics se nomme El-Goutâs, à cause de la ressemblance qu'il a avec un « support de tente ». Par un beau temps, apparaissent comme deux taches blanches, les deux villes de Belïda et de Miliana. A l'est, un peu vers le sud, se trouve K'oléaa, et, entre K'oléaa et K'andourî, l'Aïn Tictaca.

3 mars.

Dans la matinée, j'ai fait venir Ben Djoubân au bordj pour travailler avec lui le berbère. Après le déjeuner j'allai me promener tout seul aux environs où je pris deux belles tortues de terre que nous avons mangées à dîner. Ces animaux, quand ils entendent quelqu'un, rentrent dans leur écaille en faisant un sifflement qui avertit de leur présence; sans cela on pourrait passer à côté sans les remarquer tant leur couleur approche de celle du sol. J'ai poussé ma promenade jusqu'à un groupe de palmiers *marabouts*, comme l'indique un chiffon pendu aux branches de l'un d'eux. Je remarquai que tout autour des palmiers nains, il y avait des trous, comme si un animal avait voulu récemment y faire son terrier. J'appris ensuite que ces dégâts sont faits par les porcs-épics qui ne sortent que la nuit et cherchent leur nourriture dans les racines du palmier nain.

Cette coutume d'avoir des arbres et, comme on le verra plus loin, des objets et des animaux marabouts, n'est pas, je le crois du moins, purement islamique, et je ne connais pas le mot du Koran qui autoriserait un fait de ce genre.

Alger, 4 mars.

J'ai passé la journée à faire le voyage de K'andourî à Alger, où je suis arrivé le soir avec M. Warnier. Je passe ce voyage sous silence, car il n'est qu'une répétition du premier.

On travaille sans cesse à améliorer le système des eaux dans l'ouest de la Mtidja, à la régularisation du cours de l'Quedjèr, au dessèchement du lac H'alloula, etc. Dans les derniers jours de mon séjour à K'andourî, le génie avait travaillé à un barrage, pour faciliter les travaux, mais nous apprîmes, en arrivant à K'oléaa, que le barrage venait d'être rompu par la violence des eaux.

5 mars.

J'ai été faire ce matin une course à Saint-Eugène, où je voulais faire une visite à M. le baron de Slane, interprète principal de l'armée d'Afrique, pour qui M. le professeur Fleischer m'avait donné une lettre de recommandation. Il me reçut très bien, me fit présent d'un travail sur les langues berbères qu'il avait tout récemment achevé, et voulut me retenir à déjeuner.

Dans l'après-midi, j'ai été au jardin d'essai avec M. Warnier. Ce jardin offre une magnifique collection de plantes indigènes et exotiques, dont on fait des élèves pour propager ensuite les espèces utiles et en faciliter l'acclimatation. L'allée de palmiers est déjà fort jolie, mais dans quelques années d'ici ce sera une des merveilles d'Alger et on la verra de loin en mer. Nous vîmes aussi dans le jardin des mérinos, des cultures de cochenille, une gazelle et deux autruches récemment amenés du S'ah'ra.

En revenant, j'ai été voir M. Clerc au bureau politique, où

je passai quelques agréables instants avec lui; puis, après avoir été faire une petite visite à M. Mac-Carthy, je rentrai à mon hôtel où je dînai en compagnie de M. Ch. Graban.

6 mars.

Mon premier soin, ce matin, fut d'aller voir M. Mac-Carthy que je trouvai en chemise et en burnous, travaillant tranquillement à ses recherches de statistique. Nous allâmes ensemble à la bibliothèque, où il me présenta au conservateur M. Berbrugger, le premier Européen qui ait été à Ouargla. Il me montra une belle collection de médailles des rois de Mauritanie, de pièces puniques et autres. Je passai ensuite dans la chambre des manuscrits, dont le gardien, qui me paraît assez versé dans la littérature arabe (c'est un Maure), me montra un manuscrit berbère (1), ainsi que plusieurs magnifiques manuscrits maghrébins. La bibliothèque est dans une maison mauresque, et les salles d'en bas sont consacrées au musée d'antiquités, qui, outre un grand nombre de statues, de vases et d'inscriptions romaines, possède aussi deux ou trois inscriptions numides et quelques tombeaux puniques. Les inscriptions numides m'ont paru fort embrouillées.

7 mars.

J'ai été faire une visite à M. Lautour-Mezerai, préfet d'Alger, qui m'a fort bien reçu. Lorsque je me disposai à partir, il fit venir Ah'med, l'amîn des Cabyles, qui parle fort bien français et lui dit de me reconduire chez M. Mac-Carthy et de me recommander spécialement à lui. Il me dit aussi

(1) Ce manuscrit, avec un autre que possède M. de Slane, sont les deux seuls en cette langue que je connaisse en Algérie.

qu'à mon retour du sud, il espérait m'avoir à dîner. Ah'med est un des indigènes qui ont le plus pris les manières européennes, quoiqu'il n'ait abandonné ni son costume ni sa religion, et c'est précisément ce qui le rend précieux au gouvernement. — Nous dînâmes avec M. Warnier et un de ses amis, architecte, nommé M. Olivier, qui me mena ensuite voir la mosquée de la place du gouvernement. Elle semble avoir été bâtie par un chrétien, car elle a la forme d'une croix. Comme architecture elle est fort régulière, mais comme ornementation fort pauvre. Il y avait quelques Sa'h'arions qui faisaient leurs ablutions et leur prière, et, dans un coin, un « moâllem » entouré d'auditeurs discutait sur quelque point de la science musulmane; ils étaient tous accroupis sur les nattes dont la mosquée est tapissée. — Comme je n'avais pas encore vu la ville mauresque, et que je n'avais rien de mieux à faire, j'enfilai la première rue montante qui se présenta et bientôt je me trouvai dans un vrai labyrinthe de rues couvertes, où le jour pénètre à peine. Je rencontrais souvent des Maures, des Arabes et des nègres qui se retournaient pour me voir passer, mais aucun d'eux ne m'adressa la parole. Quoique ces rues soient très sûres, on y voit rarement des Européens, ce n'est guère que les étrangers qui y vont pour satisfaire leur curiosité. On a, du reste, trop de descriptions des maisons mauresques pour que j'y ajoute la mienne. — En redescendant je remarquai plusieurs costumes très éclatants. Comme c'était le jour du sabbat, les Juives avaient mis leurs plus belles parures, et l'on apercevait partout un étalage de couleurs voyantes et de dorures. Les Juives ont deux costumes bien différents. Le premier, le plus oriental, est porté dans les familles qui ont le moins de rapports avec les Français et sont le plus fidèles aux anciennes coutumes; il se compose d'une robe décolletée, laissant voir les bras et le milieu de la poitrine, à ce costume s'ajoutent toujours des sandales. L'autre, qui consiste en une robe montante et un châle, est plus francisé, et le pied est alors chaussé de bas et de souliers; mais la pièce commune aux deux costumes, c'est la tiare dorée que portent même les toutes petites filles. Quelques familles juives ont aussi adopté le costume français tout pur, mais je n'ai jamais vu rien de plus singulier que ces messieurs et ces dames s'entretenant en arabe.

J'ai déposé dans la soirée, chez M. Mac-Carthy, ce que je désirais emporter dans mon voyage, afin qu'il le mît dans une des cantines, tandis que l'autre serait réservée à son propre usage. J'ai fait faire une boîte de fer-blanc pour herboriser, et j'ai fait prendre chez le tailleur un pantalon sac commandé sur les indications de M. Mac-Carthy, car il n'y a pas de pantalon ordinaire qui puisse résister pendant une course dans le S'ah'ra. J'engage tous ceux qui feront un voyage à cheval chez les nomades, et qui ne voudront pas endosser le costume oriental, à se munir d'un pantalon, dans le haut de chaque manche duquel, il faut pouvoir entrer les deux jambes; l'extrémité qui touche à la botte doit être, au contraire, très étroite, garnie de cuir et munie d'une paire de larges sous-pieds à boutons. Ceci est indispensable pour pouvoir résister au frottement des selles arabes, s'accroupir aisément à l'orientale, dormir habillé, etc.....

Mediïa, 8 mars.

M. Mac-Carthy n'ayant pu partir aujourd'hui, je me suis mis en route tout seul, avec promesse de le voir arriver par la diligence du lendemain.

Voici la liste des relais sur la route d'Alger à Mediïa. Bîr

Khâdem (le puits de la servante), village presque tout français, avec une église. Entre ce relai et le suivant, on passe le lit d'une rivière et depuis cet endroit jusqu'à Belida, on longe la chaîne du Petit Atlas.

Bîr Touta (le puits du mûrier), village français dans lequel je vis la première tente arabe. On passe un ruisseau à Bîr Touta, et l'on est près du Petit Atlas qui ferme l'horizon au sud.

Bou Farik' (l'endroit au carrefour), petite ville assez vivante.

Beni Mered où est un obélisque élevé aux soldats qui perdirent la vie dans un combat qu'on livra ici le 11 décembre 1842.

Belïda (la petite ville), où l'on s'arrête deux heures pour déjeuner. A mon retour j'eus l'occasion de voir une partie de cette jolie petite ville qui mérite bien sa renommée due à de magnifiques jardins d'orangers. Les Arabes, dans leur langue poétique, ont donné à Belïda le surnom de Fleurette de la Mtidja. Chose extraordinaire, quoique Belïda ne soit qu'à environ 45 kilomètres d'Alger, il y a cependant une différence de température de 1° Celsius de chaleur de plus en été et 1° Celsius de moins en hiver à Belïda qu'à Alger, tant l'influence du climat continental est forte en Afrique.

Le Rocher blanc, — relai.

Le fossé des Singes — ainsi nommé à cause des singes qui se trouvent en assez grande quantité aux environs. Ces singes, des babouins, sont comme tous leurs semblables d'un caractère très pervers. On est ici en plein dans la montagne, et la route ne fait que longer un précipice où coule la Chiffa (1). Cette méchante petite rivière se démène dans son ravin comme un diable dans un bénitier; et le sol des montagnes environnantes a si peu de consistance, il est tellement sapé par des filtrations souter-

(1) J'ai appris depuis que la vraie orthographe de ce mot donne la transcription Chefa, mais on le prononce vulgairement Chiffa; c'est pourquoi j'ai laissé ce mot.

raines que la route est toujours dégradée. Tantôt elle est enterrée dans les éboulements des parties supérieures de la montagne, tantôt le terrain sur lequel elle est tracée glisse dans le ravin. Les Arabes ont jeté tout cela sur le compte de la Chiffa, et un ancien proverbe dit :

Oued ech Chiffa iebela — La rivière de la Chiffa dévore.

Oua moul el oued ïebela — Mais le maître de la rivière dévore (aussi).

Le second vers fait allusion à un cheikh des Beni Mzaïa, qui était très sévère et très rapace.

Il y a, à ce relai-ci, une auberge bâtie sur les bords de l'Oued ez Zîtoun (la rivière des oliviers), qui arrive en bouillonnant du haut de la montagne et vient là se jeter dans la Chiffa, qui elle-même est un affluent du Ma Zafrân. Le site est pittoresque au dernier point, et ceci peut s'appliquer à toute la route; depuis l'entrée dans la montagne à quelque distance de Belïda, jusqu'à Mediïa on longe toujours quelque précipice.

Le Nador, — dernier relai.

A peine arrivé à Mediïa, je me rendis à l'hôtel *Au Gastronome*, dirigé par la mère Girard, hôtel qui jouit d'une réputation algérienne, et qui est en même temps la seule auberge où l'on puisse descendre à Mediïa.

9 mars.

Je ne dirai rien sur l'état actuel de Mediïa; pour moi, les villes où le cachet européen domine n'ont que peu d'intérêt. Jadis Mediïa fut un séjour bien agréable; et le marabout Si-Ah'med-ben-Joussef qui voyageait de ville en ville dans le Mar'reb el Aoust (1) et qui faisait sur chacune une petite épigramme en s'en allant, dit de Mediïa :

(1) Correspond à peu près à l'Algérie.

Mediïa
El mehediïa
Lou canet oulïa
Ma akhedt illa hia;
Ech cheurr idkholha es's'oubah'
Ou ikherodj el lila

Mediïa
La (bien) dirigée
Si elle eût été femme
Je n'en aurais pris d'autre;
Le mal y entre le matin
Et en sort le soir.

Mediïa n'a pas toujours été dans l'endroit qu'elle occupe maintenant, et l'on peut voir encore l'emplacement de l'ancienne Mediïa.

Dans la journée je fis une visite à M. Pharaon, interprète du bureau arabe, qui fut très obligeant; il m'emmena avec lui au bureau arabe. Là il fallut commencer une série de démarches et de pourparlers afin de nous entendre avec les autorités sur la manière dont nous opérerions notre voyage dans le sud. Je dînai chez M. Pharaon, qui me présenta à sa femme. Le soir, j'allai chez le colonel Lacombe, excellent homme, qui me promit de faire tout son possible pour faciliter mon départ avec M. Mac-Carthy.

10 mars.

Comme je commençais à m'inquiéter de ce que M. Mac-Carthy n'était pas arrivé hier selon sa promesse, je télégraphiai à Alger pour savoir ce qu'il en était, et bientôt j'eus la réponse satisfaisante qu'il était parti le matin. M. Pharaon fut, pendant tout le temps que je passai à Mediïa, d'une bonté extrême pour moi : il ne souffrit pas que je mangeasse autre part que chez lui, et j'y passai toute la journée. Cependant je rentrai à l'hôtel dans l'après-midi, et il m'arriva une petite aventure. C'était fête à Mediïa, et des bandes de musiciens nègres parcouraient la ville en dansant et en faisant de la musique, entourés d'une foule de curieux principalement composée de femmes et d'enfants juifs, ce qui me fit croire que c'était quelque fête des Israélites, peut-être même la Pâque. Quand les musiciens passèrent sous ma fenêtre, les maisons d'en face furent en émoi, on se mit aux fenêtres, à la porte, et la troupe s'arrêta quelque temps dans la rue pour danser et faire le plus de bruit possible avec les tambourins. Quand j'eus assez contemplé cet intéressant spectacle, je voulus sortir pour aller au devant de M. Mac-Carthy, mais alors je m'aperçus qu'en entrant dans ma chambre, j'avais oublié de mettre le loquet en dedans et que j'étais enfermé. J'avais une envie démesurée de sauter par la fenêtre, mais la ruelle était si animée que j'aurais craint de faire du scandale en sortant par une issue ordinairement réservée aux gens qui n'ont pas un but honnête. Il fallut donc me résigner à attendre que quelqu'un passât devant ma porte, et alors je fis tant de bruit que l'on m'ouvrit. M. Mac Carthy arriva dans la soirée, et quoiqu'il neigeât vers la nuit, nous décidâmes de partir le lendemain.

11 mars.

Nous avons attendu toute la journée les chevaux et le mulet que les R'ira (1) devaient nous envoyer, mais rien n'est arrivé. Il pleut et il neige alternativement ; que cela n'étonne pas, car on

(1) L'une des tribus voisines de Mediïa.

ne doit pas oublier que nous sommes dans la montagne, et à une hauteur assez considérable.

Je fus témoin, au bureau arabe, d'une condamnation judiciaire par M. Pharaon.

Un Arabe avait donné sa fille à un mari qui la maltraitait. Or, un jour qu'elle avait été battue plus qu'à l'ordinaire, elle alla chercher son père pour qu'il la défendît. Le père eut une dispute avec son gendre, qui lui donna un coup de bâton sur la tête. Le patient était venu demander justice. Il s'exprima avec assez d'éloquence, déclinant d'abord sa généalogie et exposant ensuite le sujet de sa plainte. Le procès ne fut pas long : le mari fut condamné à 50 francs de dommages et intérêts en faveur du père et de plus à une amende de 50 francs au profit de l'État. L'Arabe, ému jusqu'au fond du cœur d'avoir ainsi gagné 50 francs, et qui aurait sans doute voulu avoir reçu bon nombre d'autres coups à ce prix-là, vint baiser respectueusement le genou de M. Pharaon. Ainsi se termina en quelques instants cette affaire.

Bordj de l'agha Djilâli, 12 mars.

Nous partîmes ce matin de Mediïa, malgré le mauvais temps qui dure encore, et sur des chevaux que nous avons loués, car ceux que le bureau arabe avait envoyé chercher chez les R'ira n'arrivaient pas. Je n'avais jamais rien vu de comparable au mauvais temps et aux mauvaises routes que nous eûmes jusque chez l'agha Djilâli; mais, dans la suite de mon voyage, j'eus l'occasion de regretter ces routes et de les estimer des routes de Paradis en comparaison de celles que j'eus, par exemple, dans la nuit du 10 au 11 avril. Il y eut un moment où nous eûmes devant nous un bourbier et un amas de neige tellement considérables, que mon cheval, bon petit barbe qui allait toujours devant, eut peur quand je voulus le faire avancer; pour tâcher d'éviter le bourbier, il s'élança sur le flanc de la montagne (car la route était bordée d'un côté par un précipice et de l'autre par la montagne presque à pic), mais il disparut bientôt jusqu'au poitrail dans la boue, et ne put se débrouiller que par un bond désespéré qui le remit dans la route. M. Mac-Carthy s'avançant alors avec précaution, je le suivis, et nous eûmes le bonheur d'arriver de l'autre côté du bourbier sans trop d'encombres. Nous avions les pieds gelés, et quelquefois nous étions plastronnés de larges couches de neige. A 34 kilomètres de Mediïa nous nous arrêtâmes à une auberge française où nous fîmes un déjeuner mémorable, car nous n'avions pris que du café avant de partir. Nous remontâmes ensuite sur nos chevaux pour atteindre le bordj de l'agha Djilâli où nous devions coucher. Cette partie de la route fut sans contredit la plus pittoresque, et, pour nous, la plus difficile. Nous traversions une forêt; le sentier arabe circulait dans des gorges, sur des rochers où nos chevaux grimpaient comme des chèvres, et à travers des torrents encaissés dans deux murailles d'argile, que l'on ne pouvait descendre qu'en laissant sa bête se raidir sur ses quatre jambes et glisser jusque dans l'eau. Les chevaux indigènes habitués à faire journellement ces tours de force ont le pied très sûr, et dans les endroits critiques, il faut les laisser aller et ne pas chercher à choisir soi-même le chemin. — Nous n'arrivâmes à la maison de commandement de Djilâli qu'après la tombée de la nuit. Le caïd n'était pas chez lui, mais son frère nous reçut et nous fit entrer dans la chambre des hôtes, où l'on avait déjà installé un sous-officier de spahis qui allait dans la même direction que nous. M. Mac-Carthy voulut faire une observation barométrique dans la cour, et pour le mettre à l'abri des chiens, le spahi et moi nous sortîmes armés chacun d'un bon gourdin. Nous soutînmes la première charge de ces *canes horridi* et M. Mac-

Carthy put mettre son instrument en équilibre, tandis que nos adversaires, alignés à distance respectueuse, poussaient des hurlements piteux en voyant que nous étions les plus forts. A peine étions-nous rentrés qu'on servit le couscoussou, couronné d'un poulet que nous lacérâmes avec nos doigts, car désormais nous devions faire le sacrifice des fourchettes et de bien d'autres choses. On apporta ensuite des tapis pliés en huit qui devaient nous servir de lits, tandis que nous pouvions voir, dans l'embrasure d'une fenêtre, un lit de fer plié très soigneusement, qui n'avait probablement pas servi depuis qu'on l'avait apporté pour l'ameublement du bordj. On étala deux coussins du côté de notre lit qui touchait au mur, et nous entrâmes dans ce lit tout à fait arabe avec le même courage que Daniel dans la fosse aux lions, quoique les animaux auxquels nous avions affaire ne fussent pas tout à fait aussi redoutables. On ramena sur nous les couvertures et nous nous endormîmes. Il y avait au bordj un parent de Djilâli nommé Belkassem; c'est un excellent garçon, il a été à Paris et nous montra un ABC qu'il en avait rapporté. Il sait du reste un peu de français.

Bou R'ar, 13 mars.

Nous partîmes de bonne heure de chez l'agha, emportant une galette arabe pour notre déjeuner, et en compagnie du sous-officier de spahis. Notre petite caravane se composait : de M. Mac-Carthy et moi montés à cheval, du sous-officier de spahis à pied et de son chien, de deux mulets de somme dont l'un portait nos cantines et l'autre le bagage du spahi et de deux Arabes à pied qui conduisaient les mulets. Nous commençâmes par nous égarer en cherchant à regagner la grande route. On nous avait donné deux guides qui ne savaient pas le chemin, nous empêtrèrent dans les débris d'un éboulement tout récent, et finirent par nous avouer que cet éboulement ayant enterré le sentier, ils ne savaient pas où le retrouver. Ces accidents ne sont pas rares dans les parties montagneuses du Teull, qui m'ont fait l'effet de n'être pas entièrement casées et de subir encore quelques petits changements. Nous franchîmes maints endroits où l'on aurait hésité à se hasarder à pied, et, après deux heures d'ascensions et de glissades, nous aperçûmes enfin la route. Pendant quelque temps tout alla bien, mais dans la nuit l'un des mulets, pauvre bête décharnée, étant entré dans un bourbier, s'y affaissa. Nous crûmes d'abord qu'il s'était cassé une jambe, mais après bien des efforts on parvint à le relever. Nous mîmes le feu à un genévrier pour nous réchauffer; car, bien que le temps fût assez beau, il faisait encore froid. Quelques kilomètres plus loin, nous commençâmes à voir les plantes des hauts plateaux sahariens et nous arrivâmes au Chlef (le Chélif des cartes françaises). M. Mac-Carthy et moi nous montâmes sur une colline au haut de laquelle se trouve la *coubba* de Sidi Chérif et nous prîmes la hauteur barométrique de ce point. Ensuite il fallut procéder au passage du fleuve. Chacun de nous eut deux Arabes pour conduire son cheval dans l'eau; et nous y entrâmes au milieu des cris et des exhortations que les indigènes adressaient à nos bêtes. Nous arrivâmes de l'autre côté en bon ordre, mais au moment où le mulet dont j'ai déjà parlé allait sortir de l'eau, il s'abattit, épuisé par les efforts qu'il avait faits, et versa sa charge dans le fleuve. Il y eut alors, comme de juste, un redoublement de cris parmi les Arabes, et le mulet fut enlevé à bras d'hommes, par la queue, les jambes et les oreilles. Ce fut le dernier incident jusqu'à Bou-R'ar; nous remarquâmes seulement un changement de température, et nous pûmes jouir de quelque chaleur.

Bou R'ar (et par corruption Boghar) est sur la frontière du

S'ah'ra; c'est une redoute et non une ville, mais on a construit tout à côté un petit village français. Le K's'ar (1) arabe de Bôkâri est situé à l'est de Bou R'ar et en est séparé par le Chlef. — Le bureau arabe de Bou R'ar est le plus beau de l'Algérie.

M. Mac-Carthy trouva un gîte chez M. le comte H. de Sanvitale, un de ses amis, tandis que moi je me vis réduit à l' *Hôtel du Sud*, la plus inconfortable fiction que l'on puisse imaginer.

En arrivant à Bou R'ar, j'avais remarqué beaucoup de pins d'Alep sur lesquels étaient de nombreux nids de chenilles processionnaires.

14 mars.

Nous ne pûmes partir aujourd'hui, car dans ce pays-ci, l'on ne peut jamais faire ce que l'on veut. Il n'y a pas de chevaux, et il faut un jour pour en aller chercher.

Je partis tout seul et à pied dans l'après-midi pour aller visiter le K's'ar-el-Bokhari, petite ville très commerçante (2) placée en vedette en face de Bou R'ar, comme pour annoncer que le S'ah'ra étend son domaine jusque-là; car les K'eus'our (pl. de K's'ar) ne se trouvent qu'au delà du Teull.

Comme on m'avait indiqué des distances bien différentes entre Bou R'ar et El-Bokhâri, j'ai pris la peine de mesurer moi-même le chemin, d'un bon pas, et voici mon résultat :

De Bou R'ar au Chlef......................	1h 7m
Du Chlef au Fondouk '(3)...................	« 7
Du Fondouk' à Bokhâri......................	« 6
De Bou R'ar à Bokhâri...	1 19

(1) Ville saharienne, ordinairement fortifiée.
(2) Le commerce annuel des laines est d'environ 3.000.000 de francs.
(3) Le caravansérail.

On franchit le Chlef dans une caisse suspendue à une corde qui traverse le fleuve, et qu'on tire au moyen d'autres cordes.

Le K's'ar est bâti en terre et ses maisons, en général, ne sont pas blanchies, de sorte qu'on ne peut le voir de bien loin, tant il se confond avec la couleur du sol. Ses maisons ont peu de consistance, et dans plusieurs endroits on en voit de ruinées. Les K'eus'our sont ordinairement entourés de fortifications à l'arabe et couronnées par une K'as'ba. Les rues sont étroites, et on y voit souvent des Arabes étalés de tout leur long au soleil, faisant la conversation avec ceux qui sont en face, jouant aux dames ou dormant. Les K'eus'our sont quelquefois bâtis sur le penchant d'une colline ou bien sur quelque élévation.

Les femmes de Bokhâri ne se voilent pas; cette mode, du reste, est inconnue aux Sahariennes. Elles se vêtissent de h'aiks blancs ou rouges qui traînent par derrière. Leur coiffure consiste en un énorme turban derrière lequel est attaché le h'aik qui tombe. Elles tressent leurs cheveux en larges nattes qu'elles portent de chaque côté du visage en forme de bandeaux. Il est un peu difficile de l'expliquer par des paroles; mais les sphinx égyptiens peuvent donner une idée de cette manière d'arranger les cheveux.

Ces dames ont la réputation d'être légères et d'avoir des mœurs trop faciles, ce que je me garderai bien de nier. Comme je passais dans une des rues du K's'ar, quatre jolies filles vinrent à moi et m'invitèrent par des sourires et par des gestes à entrer dans leur maison. Je compris immédiatement ce que cela signifiait, mais je ne répondis point à leurs avances.

Il paraît que chez les Oueled Naïl, lorsqu'un chef de tente se trouve à la gêne, il envoie ses filles à Bokhâri ou dans quelque autre K's'ar où elles puissent mettre leurs charmes à profit. Lorsqu'elles ont amassé assez de douros, elles rentrent dans leur tribu et se marient.

Bokhâri est renommé pour ses danseuses comme Reims pour ses biscuits.

Tel est Bokhâri, et ce que j'en ai dit peut s'appliquer à tous les K'eus'our.

J'étais seul Français à Bokhâri ; je n'eus cependant pas un instant de crainte, quoique je fusse sans armes. Seulement, je marchais la tête haute et regardais chacun en face, pour montrer aux Arabes que je n'étais pas venu pour faire le mal, et que je ne craignais rien. — Avant de partir du K's'ar, je pris du café, car c'est la meilleure boisson que l'on puisse trouver pour le climat d'Afrique. J'apportai à Bou R'ar un appétit monstre, de quoi faire honneur à un assez bon repas qui nous fut servi.

15 mars.

Nous avons fait une excursion avec M. de San Vitale, à l'ouest de Bou R'ar, et nous avons visité un moulin construit auprès de l'Aïn-el-Kerem (la source de la Miséricorde). Je pris quelques bons insectes pendant cette promenade.

16 mars.

Le général Gastu, que nous attendions pour savoir si l'on nous donnerait ou non des chevaux du gouvernement, est arrivé, et il refuse net les bêtes de somme que nous avions demandées. De sorte que nous en étions réduits à engager trois Mzabites (1) de Bokhâri et à leur louer leurs mulets, car il n'y a pas de chevaux disponibles.

Il y a à Bou-R'ar une inscription latine que l'on a incrustée

(1) Habitants du Mzab (en arabe Beni Mzab).

dans le mur de la maison de commandement; elle a été trouvée à Saneg, et a ceci de remarquable qu'elle contient le nom latin

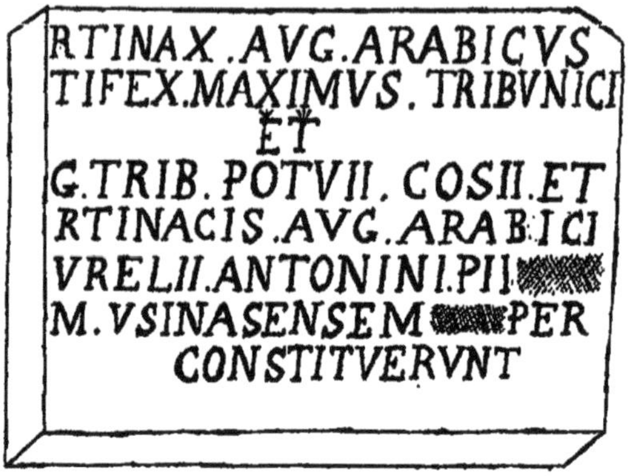

Inscription de Saneg.

original, Usinasa, dont les Arabes ont fait Saneg. J'en donne une copie ci-dessus.

Bou Guezzoul, 17 mars.

Nous partons ce matin de Bou R'ar pour aller à Bou Guezzoul, la première des sept étapes dans la steppe qui précèdent Lar'ouât. Nous voyageons en compagnie des trois Mzabites qui nous avaient loué leurs mulets, à raison de 30 francs par tête jusqu'à Djelfa. Ce sont de braves gens, dont le plus âgé, nommé Slimân, me servit plus tard lorsque je voulus faire un vocabulaire dans la langue de son pays, et il nous donna les noms arabes des plantes que nous recueillîmes.

Nous traversons d'abord une série de bassins entourés de collines, et enfin nous entrons dans la steppe proprement dite. A 2 heures 1/2 de Bokhâri, le Chlef prend le nom de Bou Rameli (la rivière sablonneuse). La plaine que nous traversons est assez marécageuse en plusieurs endroits parce que nous sommes en hiver. La végétation consiste en quelques plantes coriaces que mangent les bestiaux. On remarque aussi le « drias », *Thapsia garganica*; c'est une plante d'un vert foncé, dont les feuilles ont une structure qui donne au tout un certain air mystérieux; aussi les Arabes attribuent-ils à cette plante des qualités surnaturelles. Parmi les propriétés matérielles que possède aussi cette plante, est celle de faire engraisser rapidement les personnes qui mangent de la racine de « drias »; les femmes arabes du Mar'reb, qui considèrent l'embonpoint comme une des qualités requises pour la beauté, font une grande consommation de ces racines.

En arrivant à Bou Guezzoul, nous ne trouvâmes pour nous réconforter qu'un fort mauvais lit, et un dîner plus mauvais encore, dans une maisonnette dont le propriétaire est un franc ivrogne. Quoique notre voyage n'eût duré que quatre heures de bonne marche, il avait cependant été semé de déplorables incidents pour M. Mac-Carthy. En passant le Chlef, il laissa tomber son képi dans le fleuve, puis quand il fut lui-même au milieu de l'eau, la corde de ceux qui tiraient se rompit et ce fut toute une histoire pour le faire arriver à l'autre bord. Enfin, pour comble de malheur, son baromètre se cassa, et ce dernier échec lui causa un si grand désappointement qu'il fut un moment sur le point de retourner à Alger.

Aïn-Oussera, 18 mars.

Nous sommes partis ce matin de Bou Guezzoul, et la route n'eut d'autre intérêt que d'être bordée de carcasses et de charognes de différents animaux. Nous vîmes plusieurs belles pièces d'anatomie, entre autres une tête de chameau que nous aurions sans doute prise si, au lieu de n'en être qu'au commencement de notre voyage, nous eussions été au retour.

J'eus l'occasion de voir une petite trombe « ajaja » qui passa sur la plaine à quelques pas de nous, engouffrant le sable qui se trouvait sur son trajet.

Il y avait de nombreux troupeaux de chameaux, de bœufs, de moutons qui paissaient des deux côtés de la route. — En arrivant à Aïn-Oussera, nous rencontrâmes une petite caravane d'ânes, conduite par des femmes escortées par deux cavaliers. Elles retournaient à leur douar avec leurs outres qu'elles venaient de remplir à la source.

Le chemin de Bou Guezzoul à Aïn-Oussera se fit en six heures, ce qui nous montra que, si nous étions partis de bonne heure de Bou R'ar, nous n'aurions mis qu'un jour pour venir jusqu'ici.

Guelt es Settel, 19 mars.

Nous partons d'Aïn-Oussera à 8 heures du matin, et après une heure de marche, nous aperçûmes les premiers pieds de h'alfa.

Le « h'alfa » (*Stipa tenacissima*) étant la plante caractéristique par excellence de la steppe, je vais en dire quelques mots. C'est une graminée qui croît en touffes épaisses et hautes de trois pieds environ; elle donne à la plaine une teinte d'un vert jaunâtre, tandis que le « seunnar », autre plante analogue, qui pousse toujours dans les environs, entremêle cette teinte de larges bandes d'un vert bleuâtre.

Ces deux plantes ne viennent que sur les plateaux à une certaine élévation et dans les endroits exposés aux terribles vents des steppes. Ainsi, dans un terrain mamelonné, les sommets des collines seulement seront couverts de h'alfa, un peu plus bas sera le seunnar et dans les dépressions du terrain il y aura d'autres plantes; à moins cependant que l'endroit ne soit très élevé, alors le tout pourrait être couvert de h'alfa. Cette plante que tous les bestiaux mangent, sert encore à la confection de paniers, de bats, de nattes, de *jattes* (guenouna) qui peuvent contenir toutes sortes de liquides.

Nous arrivâmes au caravansérail à 3 h. 45 et après avoir déposé notre bagage, nous allâmes voir la « guelta » qui est un réservoir d'eau dans le roc et qui sert à l'alimentation du caravansérail, car il n'y a pas de source dans le voisinage. Guelt es Settel, m'a-t-on dit, signifie « la guelta du seau ».

H'adjar el Melh' (1), 20 mars.

Levés ce matin à 2 heures, nous partîmes immédiatement. Bientôt nous entrâmes dans le territoire des Zar'ez. Les Zar'ez sont deux immenses bas-fonds sablonneux et imprégnés de sel, où il y a de l'eau en hiver, mais que les premières chaleurs de l'été ont bientôt mis à sec. Au milieu du Zar'ez qui est à droite de la route, naît une source que les Arabes disent avoir surgi par un miracle de Jésus-Christ. Le terrain qui se trouve entre les deux Zar'ez et par lequel passe la route, tient beaucoup de leur nature; le sol en est couvert d'une épaisse couche d'un sable fin comme l'est celui des environs de Lar'ouât, et qui forme des monticules. Quelques pieds de « tegoufet », de « methnên el h'eurr » et de « drin » semés çà et là, interrompent seulement de temps en temps l'aridité du sol. Comme je désirais beaucoup avoir une vue sur le Zar'ez occidental, je mis pied à terre et courus dans cette direction, franchissant butte de sable après butte de sable, jusqu'à ce qu'enfin, étant parvenu au sommet

(1) Le rocher ou la montagne de sel.

d'un de ces monticules qui dominait tous les autres, je pus voir une surface de sable étincelant à cause du sel qui doit y être en grande quantité; mais, aussi loin que la vue pouvait s'étendre, on ne voyait pas d'eau.

Nous étions partis longtemps avant le lever du soleil, dans l'espoir d'arriver au H'adjar el Melh' d'assez bonne heure pour continuer notre route vers le sud et atteindre Djelfa dans la soirée, mais nous ne pûmes effectuer notre dessein, car en arrivant à la rivière salée, un peu avant le caravansérail, nous fûmes surpris par une pluie battante qui nous retint dans notre appartement, sans nous laisser même le temps de faire l'ascension de la montagne et d'en visiter les magnifiques grottes, ce qui nous contraria vivement.

Le H'adjar el Melh' ou la montagne de sel est une des curiosités du S'ah'ra et c'est une des choses qui méritent le plus d'intérêt sur la route de Bou R'ar à Lar'ouât. La montagne de sel fait partie d'un système de montagnes, parallèle à celui des « Iebaa rous » ou des Sept Têtes, sept pics qui s'étendent de l'ouest à l'est et que l'on aperçoit de Bou R'ar par un beau temps. L'eau de la rivière qui coule au pied du H'adjar el Melh' est potable avant d'y arriver, mais lorsqu'elle en a fait le tour, elle est tellement salée que l'on ne peut plus la boire. Je crois que ce cours d'eau va se perdre dans le Zar'ez occidental.

Dans la soirée nous eûmes un instant d'éclaircie qui nous permit d'examiner à loisir le pied de la montagne.

Djelfa, 21 mars.

Nous partîmes du H'adjar el Melh', à 6 heures du matin. Le caractère du pays devient un peu plus montagneux et nous nous élevons toujours au-dessus du niveau de la mer. — Nous fîmes une petite halte dans un endroit où la terre prenait des teintes rougeâtres et violettes dues à des particules ferrugineuses qu'elle renferme, et en cassant des pierres de grès nous recueillîmes quelques coquillages fossiles.

A quatre kilomètres de Djelfa nous nous trouvâmes devant un moulin et deux maisons françaises bâties dans un ravin assez fertile. M. Mac-Carthy voulut faire une visite au propriétaire qui est un de ses amis. M. Mein (ainsi se nomme l'ami de M. Mac-Carthy) nous reçut très bien et voulut nous retenir à déjeuner. Comme c'était à peu près notre heure (nous n'en avions pas de fixe), nous ne nous fîmes pas prier. La femme de M. Mein est une Arabe; elle parle un peu français, mais n'a changé ni son costume, ni sa religion. Après le déjeuner, M. Mein monta à cheval et nous partîmes ensemble pour aller voir des tumulus dont on ignore l'origine. Ils sont formés de quatre larges pierres recouvertes par une cinquième beaucoup plus grande, ce qui leur donne un peu l'aspect druidique. Les indigènes disent que c'étaient les habitations d'un peuple ancien. Attaqués par une autre nation plus puissante, et vaincus, ces autochtones préférèrent s'enterrer sous les débris de leurs maisons en les faisant s'écrouler sur eux-mêmes que de devenir esclaves. En effet, la plupart de ces tombeaux sont abattus, ce qui pourrait cependant n'avoir d'autre cause que l'avidité des Arabes qui les auraient ouverts dans l'espoir d'y trouver des trésors. M. Mac-Carthy, après les avoir inspectés, déclara que c'étaient des tombeaux romains; seulement, qu'ils étaient faits sans soin. Je prendrai la liberté de ne pas suivre son opinion, et, selon moi, ces monuments seraient d'origine autochtone.

Pendant que nous faisions ainsi des conjectures sur la nature de ces tombeaux, un cavalier arriva tout à coup sur nous au galop, et M. Mac-Carthy reconnut bientôt M. le Dr Reboud, un de ses amis, qui par un singulier hasard était venu de

Djelfa pour visiter aussi les ruines. Puis, laissant M. Mein retourner chez lui, nous partîmes pour Djelfa où nous arrivions pour dîner. On nous logea dans la maison de commandement, et nous dînâmes à la table des officiers.

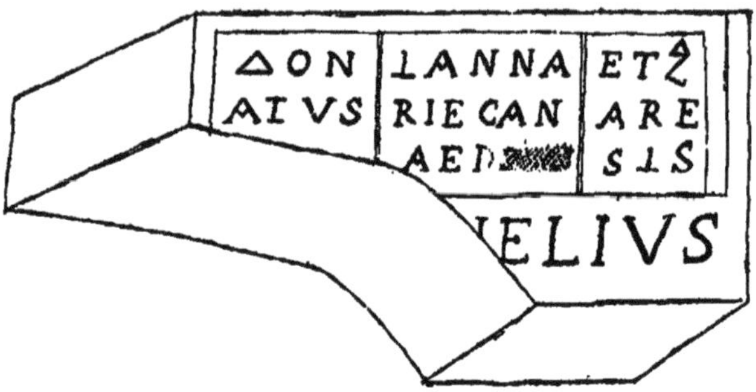

Inscription de Djelfa.

Voici une inscription trouvée près de Djelfa et placée actuellement dans la cour de la maison de commandement. Elle est présumée avoir fait partie d'un autel et contenir les noms des personnes qui l'ont fait élever. Le mot « zaresis » (peut-être zar'ez ?) est assez curieux.

Aïn-el-Ibel (source des chameaux), 22 mars.

A midi, deux chevaux barbes de la poste, sellés et harnachés à l'arabe, nous attendaient dans la cour, car à partir d'aujourd'hui, nous allions voyager aux frais du gouvernement. Lorsque nous descendîmes, le chameau sur lequel on avait attaché nos cantines sortait de la cour, balançant sa charge dans les airs et poussant ses derniers gémissements. Car lorsque l'on force le chameau à s'accroupir, et tout le temps qu'on le charge, il jette des cris de désespoir, que l'on pourrait bien appeler rugissements, et si l'on ne voyait l'animal qui en est l'auteur, on les attribuerait volontiers à quelque bête féroce. — On me présenta un cheval blanc, qui regardait d'un air effaré le ruban rouge de ma boîte à herboriser. Pendant que je me casais sur la selle, un Arabe le tint tranquille, mais au moment où il le lâcha et que j'accrochais ma boîte au dossier de la selle, mon cheval, effrayé par le bruit métallique que fit le fer-blanc en frappant sur la selle, partit ventre à terre. Le bruit redoublant avec la rapidité de sa course, il fut bientôt dans la position du chat de la mère Michel à la queue duquel on avait attaché une casserolle. La distance qui sépare le bordj du village de Djelfa diminuait avec une rapidité effrayante, et mon cheval, qui avait perdu la tête, courant toujours droit devant lui, allait bientôt nous écraser tous les deux sur la muraille de la première maison. Je donnai alors une terrible secousse sur la bride, en appuyant à droite; le cheval, vaincu par la douleur, fit un bond de côté, la selle que les Arabes ne sanglent jamais que pour la forme glissa, et je m'aperçus avec un indicible plaisir que j'étais étalé par terre. Mon cheval, qui s'était débarrassé en même temps de moi et de ma boîte, profita du moment pour retourner à son écurie. Je changeai de cheval avec M. Mac-Carthy qui est meilleur cavalier que moi, et nous nous mîmes en route comme si rien n'était arrivé; seulement nous avions perdu une demi-heure de temps et deux bouteilles à insectes.

Cinq heures de marche nous amenèrent à l'Oued es' Seder, la rivière des jujubiers sauvages; là se trouve le poste où nous devions prendre des chevaux frais. Nous partîmes en compagnie d'un Arabe qui offrit de nous montrer un chemin plus court que la grande route, ce que nous acceptâmes avec empressement, car la nuit n'allait pas tarder. Nous prîmes le trot et nous coupâmes à travers la steppe suivant un sentier à peine frayé. Au bout de deux heures, la nuit était complète, et un vent froid s'était élevé. Nous nous égarâmes souvent et nous faillîmes tomber dans plus d'un ravin, mais enfin nous arrivâmes à neuf heures au caravansérail d'Aïn el Ibel. Avant d'arriver, nous avions passé devant trois douars ou villages de tentes rangées en cercle, qui étaient entourées de grands feux de h'alfa, et dont les chiens nous saluèrent, comme de coutume, par de longs aboiements.

Sidi-Makheloûf, 23 mars.

Ce matin, avant de quitter Aïn el Ibel, nous allâmes visiter le village arabe bâti par le génie. C'est une espèce de phalanstère dans le style mauresque. Le caïd a un petit logement à part et des jardins où nous vîmes quelques abricotiers dont les troncs avaient un mètre de circonférence, à un pied et demi du sol. Près de là est la source qui a donné son nom au village et au caravansérail.

Nous partîmes à midi; et le sort m'ayant donné un cheval passable et une selle d'aplomb, nous ne fîmes qu'une trotte jusqu'au poste de Mguîta-el-Ouost près de l'Oued-el-Ouost. La maison du poste est occupée par quatre familles arabes, dont trois ont pour chefs trois frères, un « cadi », un « caïd » et un « khoudja ». Ce sont les Arabes les plus complaisants, les plus aimables, les plus propres que j'aie rencontrés.

Le caïd, nommé Ah'med-ben-bel-Abbas, nous fit servir des dattes et du café, pendant qu'on sellait les chevaux. Je vis dans ce poste une jeune fille de douze ans environ, qui est fort jolie, elle a les yeux d'un brillant remarquable et c'est certainement la plus jolie bédouine que j'eus l'occasion de voir. Si je retourne ici, comme je l'espère, ce sera avec un bien grand plaisir que je passerai une huitaine chez mon libéral ami Ah'med-ben-bel-Abbas, pour puiser un peu de son érudition et de celle de ses frères, voir ses manuscrits et jouir de la compagnie de sa jolie parente.

Ah'med nous donna son frère, El-Guerrab-ben-bel-Abbas, pour nous accompagner jusqu'à Sidi-Makhelouf. Intelligent, aimable et prévenant, il nous fut le compagnon de route le plus utile et le plus intéressant que nous eussions pu désirer. Ayant remarqué que nous cherchions des plantes, il se mit à en cueillir lui-même et à nous les apporter, en nous en donnant les noms. Comme nous nous trouvions dans la région habitée par les rats à trompe (*fart-el-kheïl*) je lui demandai s'il ne pouvait pas nous en attraper. Il se mit aussitôt à fouiller dans tous les trous, et nous le laissâmes bientôt derrière nous.

Il y avait déjà quelque temps que nous nous étions installés au caravansérail de Sidi-Makhelouf, lorsque El-Guerrab arriva avec deux rats à trompe qu'il avait mis dans la boîte à herboriser.

Le rat à trompe passe, à Paris, pour un animal fabuleux, deux zéphirs (1) en ayant fabriqué quelques-uns, en greffant sur le nez d'un rat commun la queue d'un autre rat commun; on a cru devoir ranger le rat à trompe au nombre des animaux impossibles. Je savais cela, et ayant enfin en ma possession deux de ces animaux d'une authenticité des plus évidentes (2), je pris toutes les précautions possibles pour tenter de les apporter vivants à Paris. Malheureusement, comme on le verra dans la suite, je ne pus réaliser mon projet, et je fus réduit à n'en apporter que la peau, mais la trompe est en

(1) Nom donné aux condamnés militaires.

(2) L'animal dont il est question ici est probablement, nous a dit M. Guillaume Grandidier, le *Macroscelides Rozeti*. Cet animal dont la taille est celle d'un petit rat, a en effet le nez allongé en forme de trompe. C. M.

assez bon état pour qu'on puisse voir du premier abord qu'il n'y a rien d'artificiel.

El Guerrab passa la soirée avec nous et nous donna l'orthographe des noms des plantes que nous avions recueillies. Avant de nous quitter, il voulut écrire nos noms sur une feuille de mon calepin, disant qu'il la garderait pour se souvenir de nous, tant il était charmé de l'espèce d'amitié qui s'était formée entre nous. Il écrivit mon nom : « t'âleb Ari », le taleb Henri.

Le h'alfa était la plante dominante dans le pays que nous avons traversé hier et aujourd'hui; dans les bas-fonds, il est mêlé avec d'autres plantes, mais sur les hauteurs il forme la végétation exclusive.

Nous avons mis 2 h. 30 de Aïn-el-Ibel à Mguîta-el-Ouest et 2 h. 20 de là à Sîdi-Makheloûf.

Lar'ouât (114 lieues sud d'Alger), 24 mars.

Me voilà enfin dans la première oasis et la capitale du S'ah'ra algérien. Mais avant de décrire Lar'ouât et l'agréable impression que m'a faite la vue de cette charmante apparition, après une journée de marche pénible, je vais reprendre le cours de notre voyage depuis ce matin.

Avant de quitter Sidi-Makheloûf, nous allâmes visiter la coubba du marabout qui a donné son nom à l'endroit. Cette coubba n'est que peu éloignée du caravansérail et est avoisinée par quelques palmiers. J'ai essayé d'en prendre une mauvaise esquisse malgré le vent d'ouest qui soufflait avec violence, et on peut le voir (page 49) au petit groupe de palmiers qui sont inclinés vers l'est. Le marabout Sîdi-Makheloûf me paraît être en assez grande vénération, à en juger par la châsse recouverte de beaux foulards, de fioles d'essence de roses, de sachets et de petits bijoux. L'intérieur de la coubba est rempli d'une atmosphère parfumée. Au mur sont quelques lampes dans lesquelles on brûle de l'encens les jours de fête. L'ensemble fait l'impression d'un séjour de repos où l'on aime à s'arrêter quelque temps pour donner un libre cours à ses pensées. Un caractère particulier à toutes les coubba, c'est que la porte en est extrêmement basse; on dit que c'est pour empêcher les cavaliers d'y entrer à cheval.

Coubba de Sidi Makhelouf.

La porte de cette coubba-ci est située à l'est, et j'ai pris mon esquisse du côté nord.

Partis au trot, nous arrivâmes bientôt à Bîr el H'amra (le puits rouge) où nous devions changer de chevaux. Nous eûmes des difficultés interminables à nous en procurer. Nous recueillîmes quelques plantes dans les environs du poste et deux femmes nous en donnèrent les noms. Ce poste est le plus misérable de tous ceux que nous avons vus. Après nous être reposés pendant quelque temps, nous partîmes pour Lar'ouât, mais nous fûmes obligés d'aller au petit pas, car ma selle me torturait lorsque nous prenions le trot. Nous traversâmes une plaine sillonnée de quelques « Kef » ou montagnes rocailleuses de la plus grande aridité. La plaine elle-même était presque dénuée de végétation, car elle forme une espèce de transition au « falat » ou désert proprement dit, qui commence à 4 kilomètres au nord de Lar'ouât, et auquel les Arabes ont donné le surnom de Belad-el-Atouch, « le pays de la soif ». Il faisait très chaud, l'air était lourd, et quoique nous ne fussions qu'au mois de mars, le soleil était déjà très ardent; ses rayons, que réfléchissait le sol sablonneux sur lequel nous marchions, nous entouraient d'une chaleur qui aurait été un délice pour moi si je n'avais pas eu à souffrir de la soif. Depuis notre départ de Sîdi-Makheloûf, je n'avais rien bu, car j'avais dédaigné l'eau du Bîr-el-H'amra, l'ayant trouvée trop bourbeuse; je fus bien puni de ma délicatesse et depuis ce temps, je ne trouvai plus d'eau que je dédaignasse, quelque aspect qu'elle eût.

Vers 6 heures enfin, nous aperçûmes tout à coup Lar'ouât' au détour d'un « Kef », et quelques instants après je pus boire de l'eau du Ras-el-Aïoun (la tête des sources). Après avoir étanché ma soif avec l'eau tiède mais pure de la source, je ne pus m'empêcher de consacrer quelques instants à admirer le coup d'œil magique qu'offrait cette belle verdure des palmiers, tranchant vivement sur la surface jaunâtre et aride du désert. Depuis huit jours nous n'avions pas vu le feuillage d'un seul arbre; nos yeux s'étaient accoutumés à ne voir que l'immensité des steppes devant et derrière nous, à notre droite et à notre gauche, tandis que maintenant ils se reposaient sur les parasols de verdure des palmiers dont la brise du soir balançait les hautes tiges. A cette vue nous prîmes un courage nouveau, nous secouâmes nos bêtes peut-être plus harassées que nous-mêmes; enfin nous fîmes si bien qu'après une demi-heure de marche, nous entrions dans Lar'ouat'.

Comme je l'ai déjà dit plus haut, Lar'ouat' est un K's'ar bâti au milieu d'une oasis, c'est-à-dire d'un grand cercle de jardins de palmiers, séparés par des murs de briques crues et entourés d'un autre mur semblable, mais plus élevé, qui fait le tour de l'oasis, en partie pour préserver ce bouquet de verdure de l'envahissement des sables, en partie aussi pour servir à la défense du K's'ar en cas de guerre. Le K's'ar et les jardins sont traversés par une large rue qui aboutit aux deux seules portes de Lar'ouât'. Nous entrâmes par la porte de l'ouest et nous nous rendîmes au quartier du génie, où l'on nous garda à dîner. Ensuite on nous indiqua un logement dans le petit palais du commandant supérieur, M. Margueritte, qui était alors absent. Tout le monde fut on ne peut plus complaisant pour nous. Du reste, l'arrivée de quelque étranger est un événement ici et les officiers sont toujours charmés de trouver une nouvelle figure. Après le dîner, M. Mac-Carthy resta avec les officiers du génie pour causer en prenant de la bière; pour moi, je me retirai dans la chambre que l'on m'avait destinée. Mes fenêtres ouvraient sur les jardins et comme il faisait nuit, j'ouvris la fenêtre pour prendre un peu le frais. J'avais déjà joui de l'aspect de l'oasis vue dans le lointain, maintenant j'avais sous les yeux des jardins fleuris, qui, grâce au toit protecteur des palmiers, résistent aux intempéries des saisons.

Le ciel était pur et couvert d'étoiles qui semblaient ressortir sur le velours du firmament. Des parfums délicieux émanant des jardins parvenaient jusqu'à moi, et je ne savais si je devais en croire mes sens tant j'étais transporté par la beauté du spectacle. Je ne me reconnaissais plus, moi qui, jusque-là, avais été presque insensible aux beautés de la nature; je n'avais jamais éprouvé ce sentiment d'extase. Les jardins étaient couverts d'abricotiers, de pêchers et de grenadiers en fleurs, et le silence solennel de la nuit n'était troublé que par le chant mélancolique mais harmonieux de la chouette qui volait d'arbre en arbre. Je restai quelque temps à rêver devant cette superbe scène, qui me rappelait le jardin de Djemîla des *Mille et une nuits*. J'allai ensuite goûter un repos bien mérité, avec la satisfaction du voyageur qui a enfin atteint le but de son voyage.

25 mars.

Après le déjeuner nous allâmes au cercle, où il y a un jardin et deux paires d'autruches privées. Comme il faisait un grand vent et que plusieurs palmes avaient été arrachées; j'en choisis une pour me faire une canne, et je m'approchai des autruches pour les regarder, tout en taillant ma palme. Je commençai par détacher un morceau de bois, long d'un décimètre et large d'un centimètre et à peine était-il à terre qu'une des autruches s'avança et l'engloutit bel et bien. J'avais lu bien des choses sur l'estomac des autruches, mais je n'en fus pas moins ébahi à cet exemple de voracité. Toutes les autres épluchures de ma canne furent également dévorées par ces autruches.

Ce fut avec un bien grand plaisir que j'appris qu'il y avait à Lar'ouat un Targui (1), qui venait d'arriver de R'at' par Ouargla. C'était une chance que je n'avais pas même osé espérer. Ce brave Targui avait tellement peur qu'on ne le tuât, qu'il s'était réfugié dans les écuries de M. le commandant, attendant son retour avec anxiété pour lui exposer le sujet de sa mission. Il était envoyé par Sîdi-el-H'adj-Moh'ammed-Ikhenoukhèn, chef des Touâreg Azr'eur, pour voir s'il était possible de nouer des relations d'amitié avec les Français. L'habillement de ce Targui se composait de pantalons d'un bleu foncé dans la forme de ceux que portaient les anciens Gaulois, et d'une veste de même couleur ornée de galons blancs et bleus; il avait aussi

(1) Les Touâreg (au singulier : Targui) sont des Berbères, habitants du désert.

sur le côté droit une cocarde de liseré rouge bordée de blanc. Par-dessus sa veste il portait un vêtement de laine blanche nommé « h'aouli » en arabe et « abro » en targui. Ce vêtement ressemble un peu à un grand h'aik, et ça en est un en effet. Il portait un turban blanc élevé et sa figure était voilée par un « lethâm » blanc. Les pieds étaient chaussés de sandales soutenues par un appui entre l'orteil et le second doigt. Il portait à son bras droit un anneau de pierre noire. Sa voix était douce comme celle d'une femme, ce qui faisait un singulier contraste avec les timbres grossiers des Arabes. Quand il parlait avec animation, il faisait claquer ses doigts, et il riait beaucoup à chaque question que je lui faisais.

Il avait amené son « meh'ari » ou chameau de course. C'était un animal très haut sur jambes et infiniment plus grand, plus fort et mieux fait que les autres chameaux. La couleur de son poil était aussi beaucoup plus pâle. La selle qu'il portait et qui était de fabrique targuie, avait la forme d'une soucoupe avec un dossier et un pommeau, de sorte que, au lieu d'y être à califourchon, on s'y assied à la manière arabe en croisant ses jambes sous soi. Au côté était attaché le fourreau du fameux sabre dont les Touâreg se servent avec une habileté consommée pour couper les jarrets de leurs ennemis. Le Targui avait laissé son sabre à Ouargla, où il avait aussi réformé une partie de son costume, car les habitants de cette ville lui avaient assuré que c'était une mesure indispensable pour ne pas être tué par les Français.

J'ai été me promener avec M. Mac-Carthy et nous avons fait le demi-tour de l'oasis du côté sud.

26 mars.

Ce matin, j'ai été voir le Targui et je lui ai fait un présent de sucre et de tabac. J'ai causé quelque temps avec lui et avec le

Mzabite qui l'a accompagné depuis Ouargla jusqu'ici et qui est un homme de confiance de M. le commandant; c'est un vrai gentleman africain.

Dans l'après-midi, j'ai fait une excursion entomologique, avec le but de compléter celle d'hier; j'ai achevé le tour de l'oasis du côté nord, et longé pendant quelque temps l'oued Mzi. Dans cette excursion je pris quatre-vingt-sept insectes coléoptères, ce qui fait un joli chiffre, mais malheureusement le nombre des espèces comparé à celui des individus serait bien petit. En général, j'ai remarqué que les trois règnes de la nature sont représentés en Algérie par un nombre d'espèces assez restreint, tandis que le nombre des individus est plus considérable qu'en Europe comparativement. Ceci est frappant dans la végétation surtout, car les plantes qui couvrent les steppes peuvent se classer en un très petit nombre d'espèces, le h'alfa par exemple, forme la végétation presque exclusive sur des espaces de 25 kilomètres carrés et plus.

27 mars.

Je suis devenu en quelque sorte l'ami de Moh'ammed Ah'med, le Targui; il est très complaisant pour moi, et nous faisons ensemble un petit vocabulaire Targui-Azr'eur. Je fis une excursion vers le milieu du jour avec quelques enfants indigènes, toujours dans l'espoir de trouver de nouveaux insectes et de nouvelles plantes. Nous prîmes 77 coléoptères, mais de douze espèces seulement.

Lorsque j'ouvris la cage de mes rats à trompe, j'en trouvai un qui était mort; l'autre était fort malade, ce qui contrarie beaucoup mon projet d'en rapporter à Paris.

M. le commandant est arrivé aujourd'hui; il fut très obligeant pour nous et dit qu'il espérait nous voir tous les jours à sa table. Quand nous descendîmes pour dîner nous le trouvâmes lisant les *Mille et une nuits* dans l'édition arabe de Breslau.

28 mars.

J'ai été voir le Targui et nous sommes remontés ensemble sur la terrasse de la maison où il loge, pour pouvoir parler tout à notre aise. Je le trouvai tout à fait rassuré sur son sort, et même très satisfait, car M. le commandant avait ordonné qu'on lui servît de sa cuisine et lui avait fait cadeau d'une magnifique pipe. Il me demanda si je voulais l'accompagner dans son pays; je n'aurais rien désiré tant que de le faire, mais, comme cela aurait été désobéir à mon père, je fus obligé de refuser. Je le menai ensuite dans le jardin de M. le commandant, où M. Mac-Carthy nous joignit, et alors on parla géographie. Moh'ammed Ah'med nous donna trois itinéraires qui manquent sur les cartes.

Après le déjeuner M. le commandant et son état-major se rendirent au tir avec nous et le Targui, ainsi qu'une multitude de curieux et de badauds indigènes. On allait faire un exercice au tir avec des carabines et des revolvers pour montrer au Targui ce que valent nos armes. Il parut étonné en voyant la justesse des carabines à de grandes distances; mais ce qu'il admirait plus que tout, c'était de voir que les fusils ne rataient jamais. M. Margueritte est le plus habile tireur de Lar'ouât' et il possède aussi les meilleures armes; il a tué plusieurs lions et plusieurs panthères dont les peaux sont dans le salon de son petit palais.

29 mars.

On s'est rendu ce matin au fort pour tirer quelques coups de canon devant le Targui. Au premier coup, il jeta un cri et resta comme pétrifié. Mais son étonnement augmenta encore quand on tira à boulet sur un « kef » voisin et qu'on fit sauter des quartiers de rochers. En sortant du fort il m'aperçut, vint à moi, me prit la main et me dit comme hier : « Viens dans mon pays avec moi et je t'accompagnerai ensuite quand tu retourneras dans le tien. » Je lui répondis que, s'il ne tenait qu'à moi, je le ferais avec plaisir, mais que pour le moment c'était impossible. — En rentrant chez M. le commandant, on alla dans le jardin. M. Margueritte alla chercher une de ses carabines et en fit présent au Targui, en tâchant de lui expliquer la manière de s'en servir. Il tira sur un palmier qu'il transperça, et remit l'arme chargée au Targui en lui disant de tirer. Celui-ci visa assez juste pour que sa balle passât presque dans le trou de celle de M. le commandant, ce qui le mit au comble de la joie. — On se sépara pour le déjeuner, mais après le repas, nous montâmes au salon chercher Moh'ammed Ah'med qui avait demandé audience. Il arriva bientôt avec son ami le Mzabite. D'abord il exprima sa reconnaissance à M. le commandant pour le cadeau qu'il lui avait fait le matin. Ensuite il exposa le sujet de sa mission, disant que Sîdi-el-H'adj Ikhenoukhèn l'avait envoyé pour voir si les Touâreg ne pourraient pas diriger leurs caravanes sur les oasis du sud de l'Algérie, au lieu de les faire aboutir à R'dâmès où les Turcs avaient déjà une douane et à R'ât' où ils avaient l'intention d'en établir une. M. le commandant, qui parle fort bien l'arabe, l'assura que ses compatriotes seraient les bienvenus, qu'on ne les tracasserait en aucune manière et que leurs marchandises ne seraient pas plus sujettes à un impôt que celles des Arabes et des Mzabites. La conversation roula sur les Touâreg et leur pays; Moh'ammed Ah'med promit que lorsqu'il serait de retour dans son pays, il m'enverrait un livre en targui, et comme je voulais lui faire un cadeau capable de cimenter notre amitié, je crus n'avoir rien de mieux à faire que de lui donner mes pistolets et ma poire à poudre, ce que je fis immédiatement. Ce cadeau de ma part le rendit tout confus et il dit à M. le commandant : « Ce jeune homme est si bon pour moi, il m'a donné du sucre, du tabac, des foulards ; il me donne maintenant des pistolets, je ne sais comment le lui rendre ; je vais faire chercher mon « meh'ari » et le lui donner. » Nous eûmes beaucoup de peine à lui faire comprendre que je ne voulais pas le priver de son chameau, qui allait lui devenir nécessaire pour retourner à R'ât', et que, du reste, je serais fort embarrassé pour l'emmener dans mon pays, que je le remerciais beaucoup de son offre, et que j'en étais aussi content que si le meh'ari était devenu ma propriété. Il demanda alors à M. le commandant s'il n'y avait pas moyen de m'emmener avec lui dans son pays. On lui répondit, pour l'éprouver, qu'il n'aurait pas assez soin de moi ; mais le Targui prit cette inquiétude au sérieux, et se mit à expliquer avec chaleur que chez lui c'était un devoir de prendre soin de son ami, et que, sous sa protection, il ne m'arriverait aucun mal. Je lui dis alors qu'un jour peut-être j'irais le voir. « In ch' Allah », s'il plaît à Dieu, répondit-il, et il se retira satisfait avec son ami Kassi-ben-Ismaïl-el-Guerari (ou l'habitant de Guerara, ville du Mzab).

Toute la journée il avait fait une chaleur extraordinaire et l'air avait été fort lourd, de sorte que nous ne fûmes nullement étonnés d'avoir un orage dans la soirée.

30 mars.

Ce matin, le Targui est venu prendre congé de nous parce qu'il partait en pèlerinage pour Aïn-Madhi et qu'à son retour nous ne serons plus ici. Il avait avec lui une boîte renfermant plusieurs emplettes qu'il avait faites et qui nous firent bien rire. C'étaient des poupées pour montrer à ses compatriotes comment les Français et les Françaises sont habillés, du savon, des odeurs, des allumettes, des bougies. etc. Nous nous dîmes adieu, et j'espère qu'un jour les circonstances permettront que j'accomplisse ma promesse d'aller le voir dans son pays « in ch'Allah ! » — M. le capitaine Carrus, chef du bureau arabe, m'avait invité à une partie de chasse, j'allai chez lui et j'arrivai si à l'improviste dans sa chambre, guidé par son domestique, que je donnai à peine le temps à Mme Carrus, qui est une Arabe, de se sauver dans le cabinet voisin. M. Carrus me remit un fusil et nous montâmes à cheval. Quand nous fûmes à la « prise d'eau » où nous devions chasser, le domestique prit nos chevaux et nous nous avançâmes à travers les marécages, si l'on peut nommer ainsi une assez grande étendue de « sable » imprégnée d'eau, sur laquelle poussaient quelques touffes de joncs. Il faisait beaucoup de vent et par conséquent il n'y eut que peu de gibier. Je remarquai que j'avais fait des progrès dans le tir ; il m'arriva même de tuer cinq oiseaux isolés, coup sur coup, ce que je n'aurais jamais été en état de faire lors de mon excursion à K'andouri. — Enfin l'heure du dîner étant arrivée, nous revînmes aux chevaux et nous remîmes en selle. — A peine étais-je d'aplomb, et je n'avais pas encore remis mon fusil à l'Arabe, que mon cheval partit ventre à terre, m'emportant par-dessus les canaux, les buttes de sable, etc., pendant la longueur de la moitié de l'oasis. J'étais gêné par mon fusil, mais enfin, je parvins à arrêter mon cheval et à le ramener dans le bon chemin. — J'avais été accoutumé aux chevaux et aux mors arabes dans les derniers temps, de sorte que j'avais conduit ce cheval comme les autres, ce qui ne m'avait pas réussi. Les chevaux des postes ont ordinairement la bouche très sensible, aussi doit-on les manier avec beaucoup de précaution, car ils partent au galop lorsque l'on appuie trop sur la bride. Les chevaux des Européens, au contraire, sont habitués à s'arrêter lorsqu'on tire la bride à soi.

La cause de ma longue course est que mon cheval ayant eu peur prit le galop, et je ne voulais pas appuyer sur la bride, craignant de lui faire mal et d'augmenter encore la rapidité de sa course, tandis que c'est précisément cela qui l'aurait arrêté.

En rentrant, je mets en peaux deux oiseaux assez jolis et mon dernier rat à trompe qui vient de mourir. J'avais cru que les rats à trompe étaient des rongeurs, et je leur donnais une nourriture en conséquence; or, ils sont morts de faim, car j'aurais dû leur donner des insectes, au lieu de noix et de dattes. Ce sont des insectivores.

31 mars.

Après avoir mis ma cantine en ordre, je partis pour faire une dernière excursion dans les environs et une dernière chasse aux insectes. Mon résultat fut assez satisfaisant. Pour la première fois je fis une promenade dans les jardins de cultures et elle me suffit pour les bien voir. Un jardin moyen a 40 palmiers qui forment un toit protecteur, sous lequel on peut planter la plupart des arbres fruitiers du Teull (1), des légumes et semer des céréales. J'avais espéré pouvoir trouver des « rats de palmiers » ou du moins m'en procurer en offrant un assez joli prix, mais aucun des « Khammas » (2) auxquels je m'adressai à cet effet ne voulut se charger de m'en procurer. Il paraît que ces animaux vivent dans le faîte des palmiers, de sorte qu'il est très difficile de les dénicher.

Tajmout, 1er avril 1857.

Nous partîmes ce matin, à 11 h. 30, de Lar'ouât accompagnés de M. le commandant Margueritte, avec son état-

(1) La partie de l'Algérie située entre la mer et le Sah'ra
(2) Cultivateurs aux gages d'un propriétaire.

major indigène. Le Mzabite Kassi, l'ami du Targui, nous suivait aussi, monté sur un magnifique cheval harnaché avec luxe. Voyant que j'admirais beaucoup cet animal, il me l'offrit en cadeau; mais je refusai cette offre comme j'avais refusé le meh'ari du Targui, en lui exprimant cependant combien je lui savais gré de son amitié. Nous nous séparâmes là bons amis, car nous venions d'atteindre les Kefs septentrionaux et M. le commandant, après nous avoir souhaité un bon voyage, reprit le chemin de Lar'ouât.

Notre marche fut assez monotone et fatigante, et nous nous arrêtâmes bientôt à l'Aïn-el-Meïla, source entourée de quelques palmiers, où l'on trouve beaucoup de grenouilles et de tortues d'eau douce. Comme nous venions de passer à Lar'ouât plusieurs jours de repos que l'on pourrait appeler nos délices de Capoue, la première marche nous fit une impression de fatigue plus grande qu'à l'ordinaire. Nous arrivâmes à Tajmout à 7 heures, et nous fûmes immédiatement conduits dans une espèce de bouge noblement titulé de « Maison des hôtes ». Dès notre arrivée, le caïd, qui semblait assez rébarbatif, fit les plus grandes difficultés pour nous donner les chevaux et le chameau dont nous avions besoin, car on annonça que l'un de nos chameaux était tombé au milieu de la route et gisait à moitié mort. Nous écrivîmes aussitôt à M. le commandant de nous envoyer des ordres plus précis pour les chefs indigènes que nous devions trouver sur notre route, et la lettre partit immédiatement. — Après les trois heures d'attente voulues, on nous apporta un couscoussou fortement pimenté, surmonté de quelques morceaux de mouton, et auquel nous fîmes honneur.

Quand il s'agit de nous coucher, on apporta un mauvais tapis rempli de puces, et quoique je ne me fusse pas fait une bien grande idée des ressources de la vie saharienne, je ne m'étais pas attendu à être réduit à de pareilles guenilles.

Entre Lar'ouât et Tajmout nous avions voyagé pendant sept heures, mais fort lentement il est vrai. A 1 h. 46 de marche de Lar'ouât nous avions déjà rencontré un peu de h'alfa. Du reste, la nature du terrain se rapprochait plus du « falat » près de Lar'ouât et prenait l'aspect de la steppe en arrivant à Tajmout.

2 avril.

Comme il fallait attendre le retour du courrier que nous avions envoyé à M. le commandant Margueritte, nous fûmes forcés, à notre grand déplaisir, de rester une journée entière à Tajmout.

Dans la matinée, j'annonçai aux curieux qui encombraient la porte de la « Maison des hôtes » que je donnerais 25 centimes pour chaque fouette-queue (1) (voy. l'appendice n° 2, p. 79), et le double pour chaque gerboise (en arabe *jerboa*) que l'on m'apporterait. J'eus bientôt — et pour un prix très modique, car, la marchandise étant en quantité sur la place, les prix baissèrent — un bon nombre des premiers de ces animaux que je mettais, à mesure qu'on les apportait, dans une cage à compartiments que j'avais fait construire à Lar'ouât. On m'apporta aussi une gerboise, mais je ne pus la garder que quelques jours; est-ce le froid de la nuit, la privation de liberté ou autre cause qui me la fit perdre? Je ne saurais trop le dire. Quant aux fouette-queue qui ont la vie assez dure, j'eus le plaisir d'en rapporter huit, dont cinq figurent au Jardin des plantes de Paris et trois au *Zoological Garden* de Londres. Ces derniers sont morts parce que les naturalistes anglais ont persisté à vouloir les nourrir de choux.

Dans l'après-midi, M. Mac-Carthy alla prendre une bonne po-

(1) *Lacerta uromastix*, en arabe *dhobb*. A propos du mot « jerboâ » il m'est arrivé quelque chose d'assez plaisant à Lar'ouât. Je m'adressai là à un jeune Arabe pour qu'il m'apportât de ces animaux; il partit et moi aussi et, lorsque je revins de ma promenade, je vis un marchand avec une charge de chameau de tapis « zerbiya », qui me dit que c'était ce que j'avais demandé.

sition dans la plaine et fit une esquisse du K's'ar ou de l'oasis, car les jardins de Tajmout sont ornés de palmiers. — Vers le soir nous, revînmes au K's'ar et nous montâmes à la K'as'ba dont il ne reste plus que quelques ruines. C'est l'émir Abd-el-K'âder qui l'a détruite. Il y avait déjà quelque temps que nous étions sur l'immense place de la K'as'ba lorsque nous entendîmes de la musique, et en cherchant l'endroit d'où venait le bruit, nous vîmes des gens qui dansaient sur la place, devant la « Maison des hôtes ». Nous descendîmes aussitôt. C'étaient des jongleurs marocains qui avaient commencé leur représentation par une espèce de danse en rond; leurs tours furent des plus médiocres et auraient fait honte au dernier saltimbanque européen. Pendant tout le temps que dura la représentation, une partie d'entre eux faisaient de la musique en frappant sur différentes sortes de tambours, mais toujours sur la même note. Les acteurs invoquaient le saint de Damas avant de commencer chaque tour et s'écriaient: « Ja sidi Abd-el-K'âder », (« ô mon seigneur Abd-el-Kâder). »

Un peu avant la nuit, j'étais accroupi sur un banc de pierre, lorsque mon attention fut attirée par deux formes rouges, près de la porte d'une maison située de l'autre côté de la place. Je me levai et m'avançai vers ce point pour voir ce que c'était, mais à peine avais-je fait quelques pas que deux femmes se levèrent et entrèrent précipitamment dans la maison. Je me retournai alors pour regagner ma place, et je les vis aussitôt reprendre leur position. Je trouve ici l'occasion de dire que, sur toute l'étendue du Sah'ra que j'ai traversée, la plupart des femmes arabes portaient quelque chose de rouge sur elles; tantôt c'était un voile, qui, tombant du turban (comme j'appellerais leur coiffure), traînait par derrière, tantôt c'était une autre pièce du vêtement, et autant que je m'en souviens le rouge était porté par les jeunes femmes.

Enfin arriva un courrier de M. le commandant Margueritte, apportant pour le Caïd une lettre qui renfermait une verte remontrance et un paquet de lettres pour les aghas, caïds et cheikhs chez qui nous devions passer.

3 avril, dans une autre Khorfa.

Nous partîmes de Tajmout d'assez bonne heure, car on s'était empressé de nous fournir ce qu'il nous fallait, savoir : deux chameaux, deux chevaux, un chamelier (qui se nommait Moh'ammed, comme le prophète) et un autre homme pour ramener les chevaux. Ce dernier fut M. Abd-Allah, un des grands de Tajmout, qui s'offrit par amitié pour M. Mac-Carthy. Pour compléter notre petite caravane, il faut ajouter Couider, *mokhâseni* (1) que le bureau arabe de Lar'ouât nous avait donné pour guide, et qui probablement est l'être le plus fâcheux du Teull et du Sah'ra. Le caïd nous accompagna quelque temps à pied, en nous recommandant bien de soigner les chevaux que nous devions garder jusqu'à Bou R'ar.

Le pays que nous traversions étant très accidenté, nous ne faisions que serpenter dans des vallées ou gravir des collines. Ce sont les dernières ondulations du Djebel-Amour qui se font sentir. De temps en temps le chemin est barré par des soulèvements de couches de grès, courant de l'est à l'ouest et qui quelquefois offrent d'assez grandes difficultés pour le passage.

Après avoir marché toute la journée, nous arrivâmes le soir dans les cols de Khorfa où nous devions trouver des campements arabes, selon les renseignements que nous avions pris à Tajmout. Mais, à notre grand désappointement, après avoir

(1) Sorte de garde indigène au service des bureaux arabes.

parcouru au trot les ravins, les vallées et les monticules, nous arrivâmes à la triste persuasion que les Arabes avaient changé leurs campements. Enfin, nous aperçûmes, sur le flanc d'une colline, des feux auprès desquels nous nous rendîmes en toute hâte. Nous trouvâmes là de pauvres bergers dont les troupeaux étaient parsemés dans la vallée et qui n'avaient pas même de vivres ni de tentes avec eux. Force nous fut de nous résigner à passer la nuit dans cet endroit. Nous tâchâmes de nous accommoder d'une espèce de trou dans les rochers, où nous trouvâmes moyen de nous mettre à moitié corps. Nous fîmes allumer un immense feu de h'alfa, car cette herbe qui couvre les environs a l'avantage de pouvoir brûler même étant verte, et après avoir mangé un peu de galette, avec une sardine, et bu un peu de l'eau d'une mare voisine, nous nous arrangeâmes de notre mieux pour dormir. La nuit fut extrêmement froide, ce qui nous fit supposer que nous étions à une hauteur assez considérable, mais nous ne pûmes nous en assurer, car le baromètre de M. Mac-Carthy avait été brisé à Bou Guezzoul, et nous n'avions aucun instrument pour faire bouillir de l'eau. Nous entendîmes le cri de la chouette pendant la première partie de la nuit.

Kâchi de Abd-el-Kâder ben Ibrahim, 4 avril.

En nous réveillant ce matin, nous étions couverts de grosses gouttes de rosée; nos membres étaient un peu raides et nous n'étions qu'à demi reposés par la mauvaise nuit que nous avions eue. Nous quittâmes de bonne heure notre terrier inhospitalier et nous nous dirigeâmes vers le K's'ar de Sîdi Bou Zîd; bientôt le soleil fit disparaître jusqu'aux moindres traces de la rosée et du froid de la nuit, et nous retrouvâmes notre humeur habituelle. Nous ne fîmes que monter et descendre pendant quelque temps, et avant d'arriver à Sîdi Bou Zîd, nous eûmes à traverser sept ravins bordés de lauriers et de broussailles et dans le fond desquels coulent des ruisseaux. Nous arrivâmes à Sîdi Bou Zîd pour déjeuner. Près du K's'ar est une coubba dédiée à Sîdi Bou Zîd et le nom du saint a été aussi donné à la ville saharienne.

Après avoir fait un assez bon repas, nous nous remîmes en selle et continuâmes notre route malgré la grande chaleur qui commençait à devenir incommode. On nous avait dit que nous trouverions des douars à l'Aïn Beïdha; nous nous dirigeâmes donc sur ce point. Nous avions déjà fait une bonne marche dans cette direction, lorsque nous rencontrâmes un cavalier, qui, après les salutations de rigueur, nous donna la nouvelle que nous ne trouverions personne à la source parce que les Arabes du seul douar qui y fut la veille étaient partis dans la matinée, et avaient pris une direction qui faisait presque un angle droit avec celle que nous suivions. Comme il n'était pas encore tard, nous résolûmes de marcher d'un bon train à la poursuite de ces Bédouins, dans l'espérance de les rattraper à leur halte du soir. Nous courûmes ainsi tout l'après-midi par une chaleur sèche qui n'aurait pas été trop désagréable sans le manque d'eau complet dans lequel nous nous trouvions et qui pour moi était très pénible, attendu que le couscoussou que j'avais mangé me pesait sur l'estomac et aurait eu besoin d'être arrosé. Ce fut la dernière fois que je mangeai de ce plat, car pour éviter tout nouveau désagrément de ce genre, je demandai ensuite dans chaque douar qu'on me fît cuire de la galette arabe, que je mangeais avec un peu de viande. — Enfin, au coucher du soleil, nous eûmes un douar en vue. Je secouai mon cheval qui allait d'un pas languissant, la tête baissée, accablé par la chaleur et la soif, autant sinon plus que son cavalier; je parvins à lui faire prendre et garder un petit trot qui, au bout d'une demi-heure, m'amena au douar (ou au « K'âchi », comme on dit ici). Après avoir salué le cheikh et les grands du village et avoir reçu leurs souhaits de bienvenue, formalités dont je me serais bien passé, je demandai de l'eau. On me conduisit à une outre suspendue entre trois bâtons; je mis pied à terre et sortis de ma poche une calotte de cuir qui fut bientôt remplie d'une eau bourbeuse; elle me parut délicieuse. — Pour donner une idée du degré de saleté que peuvent atteindre les eaux des « r'edîr » (1) des steppes, j'ajouterai ici que j'ai souvent vu des bœufs passer des heures entières dans l'eau du r'edîr dont leurs maîtres buvaient, et y faire toutes sortes d'ordures. De même que, quand on mène boire les autres animaux, plusieurs y entrent et en soulèvent la vase. Il est bien rare de voir l'eau d'un r'edîr même un peu transparente et souvent elle est tellement remplie d'atomes d'ocre de terre noire, de marne, etc., que cette eau, ayant reposé une nuit dans une outre, est aussi trouble qu'au moment où on l'y a mise.

Bientôt M. Mac-Carthy et Couider, que j'avais laissés en arrière, arrivèrent aussi, et me trouvèrent installé sur les tapis d'une tente qu'on achevait de dresser. Nous pûmes jouir quelques moments d'un repos réparateur, entourés de tous les rafraîchissements que la vie nomade peut offrir, c'est-à-dire de l'eau, du lait doux, du lait aigre et de « chîn » ou lait aigre mélangé d'eau. Au moment du coucher du soleil, nous assistâmes à une instruction sur la manière de faire la prière adressée aux jeunes gens par un des anciens du village.

Ensuite vint le dîner pour lequel on fit rôtir un mouton et qui se composait de couscoussou, de rôti et de galette arabe. — Je crois que quelques mots sur la cuisine arabe ne seront pas déplacés ici. Je ne pourrai dire que peu de choses sur ce point délicat, c'est-à-dire décrire les plats qui nous ont été servis. Le « taam » ou couscoussou est le plus commun; ce sont des grains

(1) Fossés ou mares remplis d'eau de pluie.

ronds d'orge ou d'autres céréales plus ou moins gros et cuits à l'étuvée. On arrose ce plat avec une sauce tantôt au lait, tantôt au piment et au poivre, et on couronne le tout par quelques morceaux de mouton ou de volaille. La manière la plus répandue de manger le couscoussou est de se servir de sa main comme d'une petite pelle, de prendre une certaine quantité de grains que l'on fait sauter dans le creux de sa main, quatre ou cinq fois, pour les former en boule, et qu'on avale ensuite. Mais qu'on se serve de sa main ou d'une cuillère, on creuse toujours au même endroit dans le plat commun, dans le but d'atteindre la couche de sauce qui se trouve au fond; c'est, en petit, l'affaire de creuser un puits. — Quand on veut honorer quelqu'un, on prend un des morceaux de viande, et on le déchire en petits morceaux que l'on place devant lui, pour lui éviter la peine de le faire lui-même. Cela se fait avec les doigts! — Outre le rôti que l'on nous servit souvent dans un panier, les Arabes ont un autre plat de viande, le « h'amiz », qui est une espèce de ragoût de mouton fortement pimenté. La « kesra », ou galette arabe, se mange ordinairement seule, de même que la viande, au lieu de joindre le pain à la viande, comme nous faisons. Les Arabes ont une espèce de crêpes, les « mesomnün », que l'on cuit dans de la graisse de mouton, et auxquelles on ajoute quelquefois du miel. Ce plat paraît aussi sous la forme de petits morceaux de kesra, imbibés de graisse de mouton et de miel.

Le cheikh Abd-el-K'âder ben Ibrahim, qui commande ce douar, est un excellent homme, franc, ouvert et complaisant, dans le genre du caïd Ah'med ben-bel-Abbas de Mguita-el-Ouest. Il nous tint compagnie avec quelques autres des notables jusqu'à 10 heures environ. Nous passâmes une excellente nuit dans les nombreux tapis dont on avait garni notre tente.

Chaque jour, quand nous partions, nous laissions les chameaux aller leur train de sénateur et nous allions toujours de l'avant sans nous inquiéter d'eux. Si quelquefois nous changions de direction, comme cela nous arriva aujourd'hui, le mokhâseni montait sur une colline et faisait des signaux au chamelier. Jamais il n'est arrivé de malentendu. Nous n'avons jamais eu qu'à nous louer de la conduite excellente et du bon caractère de Moh'ammed, notre chamelier, tandis que Couider, au contraire, nous a causé bien des désagréments par son humeur contrariante et le manque d'énergie de son caractère.

K'âchi de Rabch'ben Djelâli, 5 avril.

Nous quittâmes le cheikh Abd-el-K'âder ce matin à 6 heures pour traverser d'abord une contrée semée de bas-fonds où croissent quelques térébinthes; toute l'eau qui tombe sur la région s'écoule dans les bas-fonds et y reste à peu de profondeur au-dessous du sol, de sorte que ces arbres trouvent toujours l'eau qui leur est nécessaire. Après trois heures de marche, nous arrivions au K'âchi de Bou Semah'a ben Aïmi où nous nous arrêtâmes pour déjeuner. Là, je me trouvai pris d'une très vive indisposition, que j'attribuai à la trop grande quantité de lait et de lait aigre que j'avais bue les jours précédents, contrairement à mes habitudes.

Heureusement, mon indisposition fut courte et le déjeuner fini, je me trouvai en état de continuer la route. Je ne mentionne ce petit incident, très peu intéressant par lui-même, que dans l'espoir d'épargner à un autre ce désagrément, en le mettant en garde contre les propriétés laxatives du lait, surtout du lait aigre et en général contre tous les médicaments purgatifs, car ils sont bien plus puissants dans les pays chauds qu'en Europe.

Peu de temps après avoir quitté le village nomade, nous entrâmes dans une vaste plaine sablonneuse couverte d'une rare et maigre végétation. Le sirocco (1) soufflait, l'air était lourd, et la chaleur, augmentée encore par la réfraction du sable, était suffocante. Le sirocco n'est pas ici comme à Alger et les localités de la côte qui sont protégées par des montagnes, ni comme en Italie où il n'arrive qu'après avoir traversé la mer. Ici, c'est un vent violent, sec et brûlant, qui fait gercer la peau et soulève des nuages d'un sable fin dont l'air est obscurci. Bien nous en prit de nous couvrir la figure avec des mouchoirs à la façon des Touâreg, tant pour ne pas avaler le sable qui voltigeait dans l'air, que pour préserver nos visages de l'action du vent destructeur. Le thermomètre marquait 29° Celsius à l'ombre, et protégé soit contre la réfraction du sol, soit contre le vent qui était bien plus chaud. Nous nous croisâmes avec une trombe de sable assez imposante, qui fit un angle droit avec nous dans le lointain, et je pus m'imaginer assez facilement combien il serait désagréable sinon dangereux de se trouver sur le chemin d'une de ces trombes.

Nous arrivâmes un peu avant le coucher du soleil au petit K'âchi de Rabeh' ben Djelâli, des Oulèd Khélif; nous y fûmes reçus par le fils du caïd, âgé de quatorze ans environ et qui avait l'air de commander à la place de son père. C'est un brave garçon, intelligent, qui a conscience de ce qu'il fait. Il se nomme Hamza. M. Mac-Carthy était peu désireux de s'arrêter ici, parce que, selon lui, il y avait encore plusieurs heures de jour, et *que ce serait autant de fait pour le lendemain* si nous allions jusqu'au prochain douar; mais, comme ce prochain douar pouvait être très éloigné et que nous aurions risqué de coucher à la belle étoile sans dîner, on convint de rester ici. — Après qu'on nous eût installés dans notre tente et que nous eûmes surveillé le déchargement des chameaux, ce que nous ne man-

(1) En arabe maghrébin, « goubbi », ou vent du sud.

quions jamais de faire, nous nous éloignâmes du douar pour aller voir des espèces de petites enceintes ruinées de différentes formes, que nous avions aperçues sur les collines environnantes. Les dessins ci-dessous donnent les formes qu'elles affectent le plus souvent. Les dimensions ne sont pas grandes ;

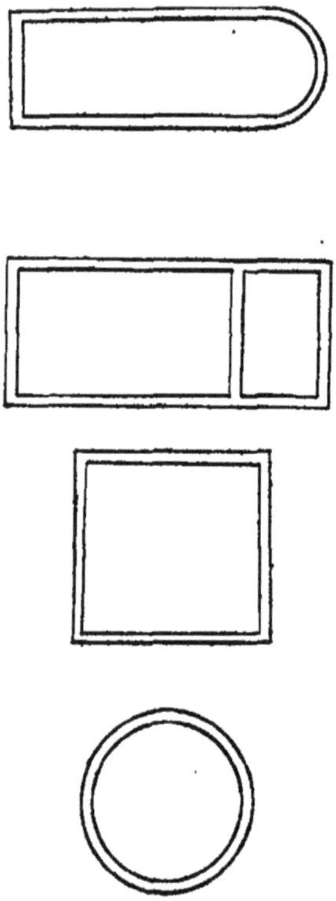

en général, elles sont de quelques pieds. Les ruines, qui se trouvent toujours sur des collines, se rencontrent depuis le point où nous sommes jusqu'à la hauteur du K's'ar Cherboumïa où nous vîmes les dernières. Les indigènes les nomment « K'obr-ed-Djohèl » ; M. Mac-Carthy et moi, nous nous accordâmes pour penser que ces constructions sont dues à la main des autochthones et qu'elles sont antérieures à la domination romaine.

A notre retour, Hamza nous présenta son petit frère âgé de sept ans et sa petite sœur âgée de six ans environ. Le petit bonhomme se montra fort tapageur et fort bruyant, pour ne pas dire méchant; mais les Arabes aiment à voir une certaine humour guerrière dans les petits garçons. — Voyant que le petit battait sa sœur, je demandai s'il n'était pas méchant, à un vieil Arabe qui paraissait plus instruit que ne le sont généralement les indigènes : « Il n'est pas méchant, me répondit-il; il a seulement beaucoup de fantazia. » La petite Khïra, au contraire, est une des plus gentilles petites filles que je connaisse, elle vint s'asseoir à côté de moi sans trop de crainte, fait extraordinaire parmi les enfants de son âge, qui confondent communément les « djounoun » et les Français en une seule race d'êtres malfaisants et anthropophages. — Espérant faire plaisir à tout le monde et distraire un peu le petit tapageur, je fis l'exhibition de mes fouette-queue, car nous avions dépassé depuis plusieurs jours la limite de leur patrie, et tout le monde en effet fut fort étonné. Je fis comprendre au frère de Khïra qu'ils pouvaient couper une vipère cornue en deux, d'un seul coup de queue, qu'ils mordaient si fort qu'on ne pouvait les faire lâcher prise qu'en leur coupant la tête, et que, s'il battait encore sa sœur, je n'hésiterais pas à en lâcher sur lui trois ou quatre qui le dévoreraient tout entier. Ma menace eut un effet éclatant. — Je fis présent à la petite Khïra d'un énorme morceau de sucre et d'un beau foulard imprimé, qui la mit au comble de la joie. Elle admirait beaucoup le drap de mes vêtements, et comme il y avait une large tache de poussière sur ma manche, elle l'essuya avec sa petite main.

On nous servit un assez bon dîner; après quoi nous nous étendîmes sur les tapis de la tente et nous nous endormîmes.

K'âchi de l'agha Jedîd, 6 avril.

Nous allions quitter nos amis d'hier, lorsque nous remarquâmes un jeune nègre qui ne ressemblait pas à ceux que nous avions vus jusqu'à présent. On nous dit qu'il arrivait de Tombouctou, qu'il ne savait encore que quelques mots arabes et qu'il se nommait Sâlem. Je ne pus résister à la tentation de faire un petit vocabulaire de sa langue, que je ne mettrai pas ici, pensant qu'il n'aurait pas le même intérêt pour tout le monde que pour moi.

Enfin nous partîmes; le K'âchi que nous quittions était situé près de Jeleïla. Deux heures d'une marche rapide à travers un terrain ondulé, nous menèrent à Taguin où il n'y avait pas de douar, mais où nous vîmes une coubba ruinée, entourée de tombes arabes, et les restes d'un fort turc. Nous bûmes avec délices de l'eau *claire* du « Ras-el-Aïoun-meta-Taguin », car il y avait trois jours que nous étions réduits à l'eau bourbeuse des r'édîr. Nous continuâmes ensuite notre route vers le nord, et bientôt nous aperçûmes un pâtre qui conduisait un grand troupeau de moutons. Comme nous avions toujours quelques renseignements à demander, nous l'abordâmes. Il vint respectueusement nous baiser le genou, mais nous ne pûmes rien tirer de lui.

Nous arrivâmes bientôt après à Sbeïïr où nous nous arrêtâmes pour déjeuner dans le Kâchi de Ben-Bakhli. Lorsque nous arrivâmes, les femmes étaient en train de traire les brebis, et voici comment elles s'y prenaient : on faisait venir un troupeau et on en séparait les brebis qui étaient attachées au fur à mesure sur deux lignes face à face, en sorte que la première brebis d'une ligne avait sa tête entre celles de la première et de la seconde de l'autre ligne et ainsi de suite. Alors les femmes passent derrière chaque file et trayent les brebis l'une après l'autre.

On nous conduisit dans une des plus grandes tentes, qui, comme toutes les autres, était divisée en deux, d'un côté était la cuisine et le logement des femmes et de l'autre celui des hommes. Il y avait des cordes qui allaient d'un bout à l'autre de la tente à fleur de sol et auxquelles étaient fixées des entraves où l'on attache pendant la nuit les agneaux et les chevreaux, qui sont trop délicats pour être exposés sans conséquences aux changements subits de la température. J'ai oublié de dire qu'un des jours précédents, j'avais ajouté à ma petite ménagerie une gerboise ; mais, en ouvrant ma cage aujourd'hui, je la trouvai morte, et déjà trop avancée en décomposition pour que je pusse penser à la mettre en peau.

Après le déjeuner, nous repartîmes et traversâmes d'abord une plaine où nous rencontrâmes du h'alfa pendant 3 heures 39 minutes de marche, ce qui semblait annoncer que cette partie de la steppe est plus élevée que la plaine sablonneuse qui se trouve entre les dernières élévations de Djebel-Amour et Taguin.

Nous arrivions, à la nuit, au K'âchi de l'agha Djedid, malgré le mauvais vouloir de Couider qui avait fait son possible pour que nous nous arrêtassions plusieurs kilomètres plus au sud. L'agha était absent, mais nous fûmes reçus par son frère, petit vieillard rusé ; il nous fit conduire à la tente des hôtes, où nous trouvâmes trois marabouts d'Aumale déjà installés. Nous fûmes largement traités en ce sens qu'on nous donna du café, un bon couscoussou et de la viande de gazelle, mais notre tente ayant été plantée sur un terrain irrégulier, nous nous trouvâmes fort mal à l'aise quand il fallut nous coucher. — Nous avons vu, dans la journée, huit enceintes ruinées comme celles d'hier, et elles furent toutes portées sur la carte.

Douar du caïd Djelloul, 7 avril.

Nous partîmes de chez l'agha au lever du soleil, et à 9 heures nous arrivions au douar de Djerrâdi où nous résolûmes de nous arrêter. Djerrâdi est un Arabe à moitié francisé quant aux manières, mais très peu quant à la langue ; cependant l'individu le plus curieux de son douar est son maître d'hôtel, qui lui aussi est un Arabe, mais qui parle français. Il avait servi dans les spahis où son maître était officier dans le même régiment que lui, et il y avait pris en grande partie les manières d'un troupier. Rien n'était plus risible que de le voir les poings sur les hanches, faisant l'apologie des Français au détriment de toute la race bédouine.

Comme il y avait une source thermale dans le voisinage, nous partîmes avec Couider et deux autres Arabes pour aller la visiter, en attendant que l'interminable couscoussou fût prêt. Après un quart d'heure de marche, nous arrivâmes dans la montagne, à une crevasse horizontale hors de laquelle deux magnifiques « betom » ou térébinthes, déjà en feuilles grâce aux vapeurs chaudes exhalées par la source, sortaient leurs couronnes verdoyantes. C'était le H'ammâm-meta-S'ìdi-Aïssa, la source thermale de S'ìdi Aïssa, ainsi nommée à cause de la coubba d'un marabout du même nom qui est située un peu plus à l'ouest. Nous descendîmes d'abord dans la première ouverture où croissent les térébinthes. Un de ces arbres est chargé de chiffons, ce qui indique que le lieu est *merabot* (1), c'est-à-dire sacré, à cause des propriétés médicales qui sont attribuées à l'eau du « H'ammâm ». Nous nous glissâmes ensuite dans un trou où nous nous trouvâmes dans l'obscurité. Allumant une bougie que nous avions prise à cet effet, nous continuons notre descente en nous attachant aux parois, comme nous pouvons, car l'ouverture était presque verticale et à 13 mètres environ au-dessous du sol nous arrivons à une petite excavation et au bassin de la source. L'eau en était fort claire, l'air y était très chaud et avait une légère odeur de gélatine. M. Mac-Carthy et l'Arabe qui nous guidait se déshabillèrent et entrèrent dans l'eau, tandis que moi, assis au bord du bassin, un morceaux de papier et un crayon à la main, j'attendais les chiffres que M. Mac-Carthy allait me dicter. Il parcourut le premier bassin, et aperçut une ouverture qui paraissait conduire dans un second, mais qui était si étroite qu'il ne put y mettre que son bras et son thermomètre qui marqua 42.7 Celsius, un peu plus que le premier bassin. En se remuant, M. Mac-Carthy épouvanta

(1) Tel est le mot arabe original dont les Français ont fait « marabout ».

une volée de chauves-souris qui étaient suspendues à la voûte; je voulus en attraper quelques-unes, mais l'Arabe me cria de n'en rien faire et qu'elles étaient aussi marabouts! Étant restés environ une demi-heure dans le h'ammâm, nous reprîmes le chemin du douar. Avant de sortir, j'avais eu la précaution de prendre une pierre au bord de l'eau et, en l'examinant au grand jour, je reconnus que c'était du grès lustré. Une chose nous frappa, c'est que l'eau de la source est très limpide, quoiqu'on

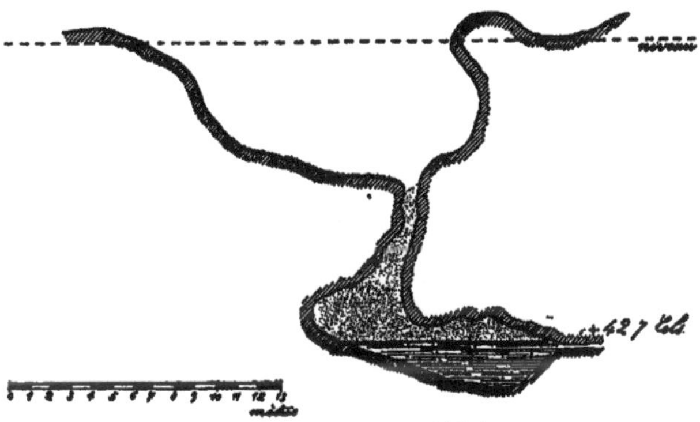

Coupe du H'ammâm-meta-Sidi-Aïssa.

s'y baigne souvent et qu'elle semble sédentaire; aussi fûmes-nous forcés d'admettre qu'elle s'échappe par un conduit caché, et qu'elle arrive par l'ouverture où M. Mac-Carthy avait trouvé la température la plus élevée. — Aux environs de la source il y a quelques touffes de h'alfa, et M. Mac-Carthy crut reconnaître des couches de grès se croisant non loin de là. — (Voyez ci-dessus la coupe du « h'ammâm ».)

En revenant au douar, nous trouvâmes le déjeuner prêt. Il y avait un couscoussou bien propre; mais, selon ma coutume, je ne voulus pas en manger. Alors le maître d'hôtel me dit : « Ah! je sais bien pourquoi tu ne veux pas manger du couscous; les Arabes sont si sales, mais nous ne sommes pas Arabes, nous faisons le couscous dans des pots français! » Je ne cédai cependant pas aux exhortations du brave homme, mais je m'éloignai pour faire quelques recherches d'histoire naturelle autour du douar. Nous étions un peu au nord de Souâgui, c'est-à-dire les « rigoles », une grande étendue de terrain où l'on peut cultiver les céréales, grâce à un bon système de rigoles qui y a été établi. Je pris le *Graphipterus exclamationis* que je voyais ici pour la première fois, mais je réserve du reste, pour l'appendice, la notice géographique des 54 espèces de coléoptères que j'ai recueillis dans mon voyage.

Ayant quitté le douar de Djerradi immédiatement après le déjeuner, nous franchîmes la montagne où se trouve la source thermale, puis nous entrâmes dans une plaine où nous trouvâmes un lichen assez curieux que les Arabes appellent « ouseur' el ard' » ou excréments de la terre. Il se trouve à la surface du sol auquel il n'adhère pas, et quand il est sec, il ressemble à des grains de sable de forme carrée. Vers le coucher du soleil, nous nous trouvâmes devant une rivière bordée de marécages que nous longeâmes quelque temps pour chercher un gué. Ayant rencontré un nègre qui se chargea de nous conduire, nous entrons dans les marécages. Bientôt le cheval du guide qui marchait le premier et celui de M. Mac-Carthy qui suivait immédiatement, commencèrent à s'enfoncer et disparurent jusqu'au poitrail, tandis que moi, qui m'étais prudemment mis le dernier, je pus laisser mon cheval dans un endroit assez ferme et aller aider mes deux compagnons à tirer leurs bêtes de ce mauvais pas. M. Mac-Carthy surtout, qui avait voulu s'éloigner des traces du guide, était dans une position très difficile, car il commençait à enfoncer lui-même. Nous nous en tirâmes tant bien que mal, et vers les 7 heures nous faisions notre entrée dans le douar du caïd Djelloul. Couider avait menacé le nègre qui nous avait guidés dans le marais de lui faire donner la bastonnade pour s'être si mal acquitté de ses fonctions, mais je jugeai à propos de lui faire grâce, c'est pourquoi il vint me remercier et me baiser la main ainsi qu'à M. Mac-Carthy. — Nous avons les montagnes du Teull en vue, quoique nous en soyons encore à 70 kilomètres.

Bou R'ar, 8 avril.

Nous voilà enfin de retour dans un pays de connaissance, mais pour y arriver, il nous a fallu dévorer du chemin depuis le douar du caïd Djelloul. Nous avons fait nos 70 kilomètres à travers le S'ah'ra et les avant-coureurs des montagnes du Teull, sur de mauvaises rosses et par une chaleur excessive. Comme cette course échevelée n'a rien de bien intéressant, et que, du reste, le terrain que nous avons parcouru est assez bien connu, je m'abstiendrai de donner plus de détails.

9 avril.

J'ai passé une excellente nuit dans un lit; il y avait huit jours que je ne m'étais ni débotté ni déshabillé. — Un de mes fouette-queue, qui avait l'épine dorsale cassée, est mort, et je l'ai mis en peau.

10 avril.

Comme les chevaux que nous avions commandés n'arrivaient pas, nous fûmes réduits à prendre des mulets et nous partîmes à 3 heures de l'après-midi par la traverse arabe pour aller à Mediïa.

Mediïa, 11 avril.

Nous arrivons à Mediïa dans la matinée, ayant marché toute la nuit, et mis en tout dix-sept heures pour faire ce trajet. Il faisait un froid intense, car nous étions dans la montagne; et comme le sentier était entrecoupé de rochers et de fondrières, ce ne fut pas sans beaucoup de peines et de désagréments que nous passâmes cette nuit d'insomnie et de fatigue. M. Mac-Carthy avait même été une fois renversé de sa mule.

Ce ne fut que le 12 que nous pûmes partir de Mediïa. — Comme la suite de notre itinéraire jusqu'à Alger ne serait qu'une répétition du commencement de mon voyage, je ne le décrirai pas.

Le lendemain de notre arrivée à Alger, nous prîmes un bain maure qui nous rendit notre aspect habituel, sauf un peu de hâle que le soleil du S'ah'ara avait laissé sur nos figures.

Après avoir passé quelques jours à Alger, je partis pour Paris où je me retrouvai bientôt au milieu de mes parents et de mes amis, complètement satisfait du petit voyage que je venais de faire.

TINÉRAIRE D'ALGER A LAR'OUAT.

Échelle : 1/1.900.000.

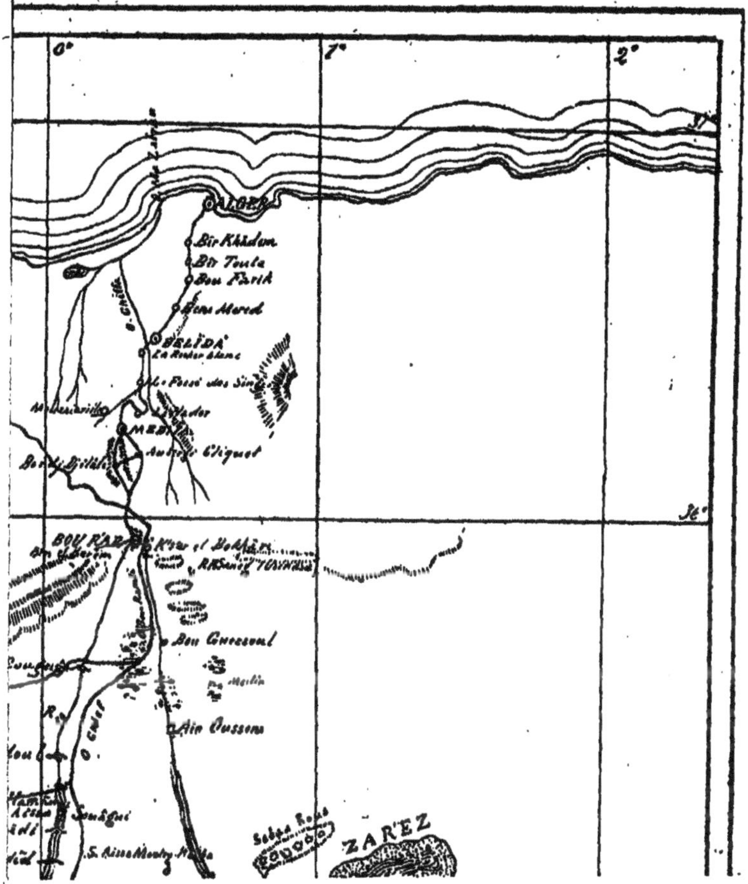

CARTE II.

ITINÉRAIRE D'ALGER A LAR'OUAT.

Échelle : 1/1.900.000.

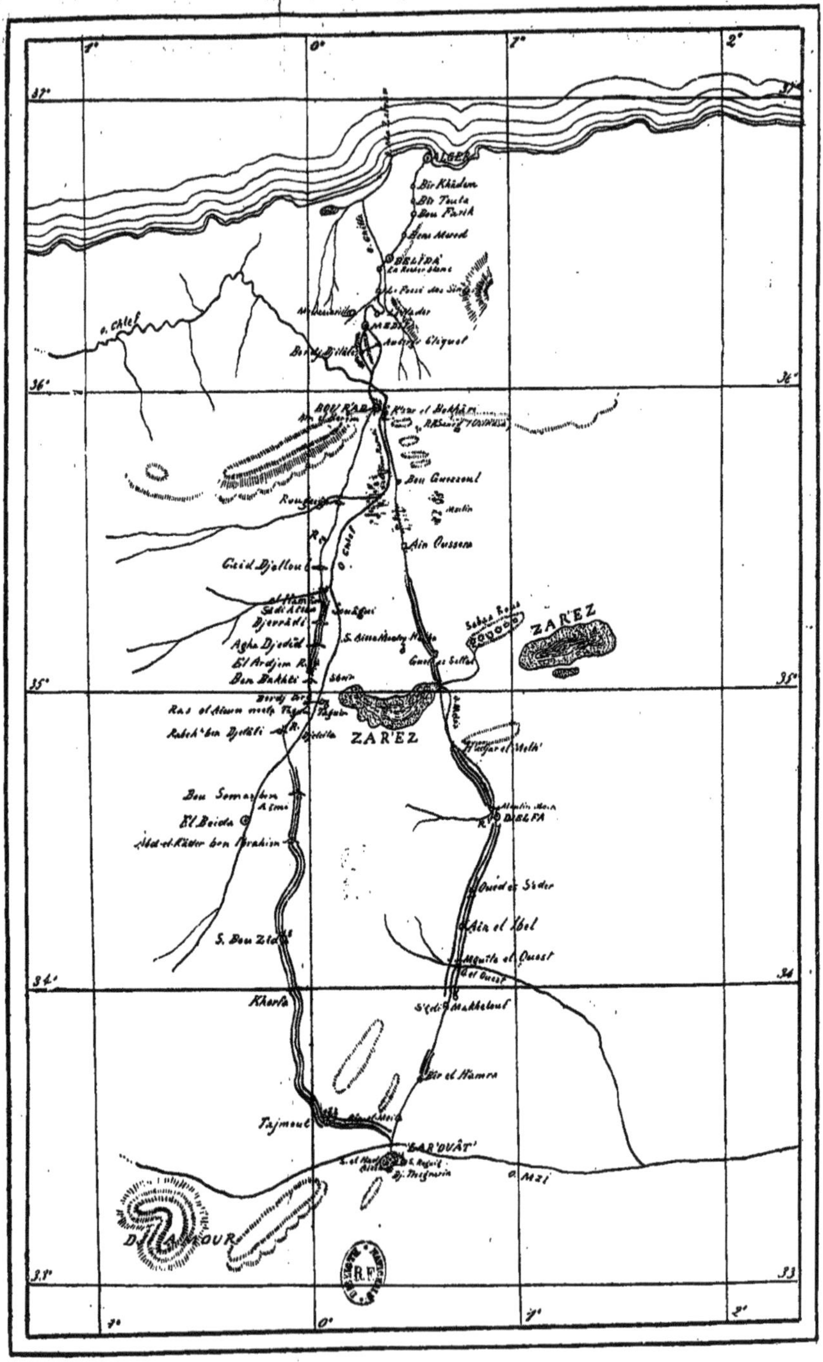

APPENDICES

I. — Le chien arabe.

Un des points les plus caractéristiques de la vie des chiens arabes, c'est d'être en guerre contre tout le genre humain, y compris leurs maîtres. Jamais ils ne reçoivent la moindre caresse. Ils grognent à tout le monde, et sont probablement les plus misanthropes des animaux. Mais peut-être aussi ont-ils quelque raison de l'être, car si quelqu'un fait attention à eux, ce n'est pas pour leur donner quelque nourriture, mais pour les accabler de coups de bâton et leur lancer des pierres. Étant ainsi maltraités dès leur enfance, ils deviennent hargneux, rageurs, mais aussi très lâches, et ils n'attaqueraient pas quelqu'un qui aurait seulement un bâton pour se défendre. Leur nourriture principale, ce sont les animaux qui meurent dans le douar, et les charognes qu'ils peuvent rencontrer ; quelquefois les Arabes vous feront remarquer qu'il n'y a pas d'ordures dans les environs du campement, c'est encore à eux qu'est dévolue la charge de les faire disparaître. Cette nourriture contribue peut-être beaucoup à leur donner des maladies cutanées, et d'un autre côté à les rendre des animaux abjects et à éloigner toute communication entre eux et leurs maîtres. L'expression de suprême injure des Arabes « Kelb ben Kelb », chien fils de chien, n'est pas là pour rien. — Dès qu'un étranger arrive dans le douar, les chiens commencent un concert d'aboiements qui n'en finit plus; mais, si cet homme arrive à quatre pattes, ils ne disent rien.

Le chien arabe dont je parle ici est un chien de garde, une espèce de chien-loup, d'un gris fauve.

II. — Les fouette-queue (*Lacerta uromastix*).

Ce saurien dont la tête a beaucoup de ressemblance avec celle de la tortue, présente un peu la structure du caméléon, mais il est beaucoup plus grand. Il a comme arme formidable une queue nerveuse, épaisse et hérissée de piquants, dont il se sert en la pliant d'abord du côté opposé à celui de l'objet qu'il veut frapper et la détendant ensuite tout d'un coup. Les Arabes disent que ce coup est assez fort pour couper en deux une vipère cornue (*Vipera cerastes*) et que les fouette-queue leur font la guerre. Lorsque cet animal est en colère, il se gonfle prodigieusement et siffle en faisant le soufflet, s'enflant et se dégonflant alternativement. Quoique les fouette-queue soient de si terribles ennemis des serpents, ce sont cependant des animaux herbivores, qui se nourrissent de fleurs et de plantes odoriférantes. Les Arabes mangent leur chair, et l'on peut dire que cet animal leur remplace le poisson, car dans le Bled-el-Djerid ou le pays des dattes, sa patrie, il n'y a que de très petits poissons. Le mâle a la peau verte avec des bigarrures noires, la femelle est grise avec les mêmes dessins.

III. — Index géographique des coléoptères que j'ai trouvés dans mon voyage.

(Je les ai nommés d'après les spécimens du British Museum; (?) désigne que le genre de l'insecte n'a pas pu être déterminé, (??) que le Museum n'en a pas d'exemplaires.)

(1. Dans le Teull, à K'andoûri.

Copris hispanus.

(2. Dans le S'ah'ra.

(*a*. Route de Lar'ouât, allée et retour (Souâgui excepté).
Ateuchus puncticollis.
Ateuchus variolosus.
Ouitis.
Gimnoplurus flagellatus (aussi à Lar'ouât).
Blaps (??) } ruines près de Jeleïla.
Blaps putrida }
Pimelia Genei (aussi à Lar'ouât).
Pimelia corpulenta (idem).
b). A Souâgui.
Graphipterus exclamationis.
Onthophagus (?)
Onthophagus fissicornis.
c). A Lar'ouât.
Epicometis crinita.
Cleonus trigonus.
Timarcha rugosa.
Lophosis personata (aussi dans le S'ah'ra).
Llythra tripunctata.
*Graphipterus multiguttatus**.
Rubus bison.
Onthophagus taurus.
*Sophosis**.
Pimelia obesa.
Anthia sex maculata.
Adesmia mittrei (aussi dans le S'ah'ra).
Aphodius sordidus.
Erodius.
Sepidium (?)
Coccinella septempunctata.
Adesmia (?) (aussi dans le S'ah'ra).

IV. — Liste géographique des noms arabes des plantes recueillies dans le S'ah'ra (1).

(Je ne répète pas les noms des plantes qui se trouvent dans plusieurs localités.)

A. Entre Bou-Guezzoul et Aïn Ou-sera.

1. Bou griba. Les *Zygophyllum*.
2. H'ask'a (2). *Trigonella Fœnum græcum*.
3. Sbeïbira. (?)
4. Chia. *Artemisia Herba-alba*.
5. Cheih'ïa. (?)
6. Djemeira. *Atractylis proli-*
7. Guiz. *Scorzonera alexandrina*.
8. Tegoufet. *Artemisia campestris*.
9. Tafkha. *Rhaponticum acaule*.
10. H'arra. *Diplotaxis Harra*.
11. Seunrha. *Lygeum Spartum*.
12. H'armel *Peganum Harmala*.

B. Entre Aïn-Ousera et Guelt-es-Settel.

13. Khiata. *Marrubium deserti*.
14. Sag-metu-Djerâda. (?)
15. Bou s'oufa. *Paronychia argentea*.
16. El-Khanfor. *Polycarpæa fragilis*.
17. El-meurrar. *Amberboa crupinoides*.
18. Ben-naman. El-as'feur (3).
19. H'alib loua. *Linaria laxiflora*.
20. H'alfa. *Stipa tenacissima*.
21. El-Ksis. (?)
22. En Nougued. *Asteriscus graveolens*.
23. El-Korrath. (?)
24. Betoum. *Pistacia atlantica*.
25. Drias. *Thapsia garganica*.
26. H'obeulïa. *Morettia canescens* et *Muricaria prostrata*.

C. Entre Guelt-es-Settel et H'adjar-el-melh'.

27. Drin. *Arthratherum pungens*.
28. Zit-ed-doum. (?)
29. Metnên-el-h'eurr. *Thymelœa Tarton-raira*.

(1) Désirant compléter les indications recueillies par Henri Duveyrier et dont, absorbé par d'autres occupations, il avait toujours ajourné l'achèvement, nous avons prié M. le Dr Edmond Bonnet, attaché au Muséum d'Histoire naturelle, de porter les noms scientifiques à côté des noms de langue arabe sur les listes des plantes signalées par le jeune voyageur. C. M.

(2) Transcription arabe probable.

(3) Il doit y avoir, sous ce numéro, deux noms différents réunis à tort : Ben-naman désigne les Pavots et les Adonis, El-as'feur, les Résédas.

30. Bou Rendjes. (?)
31. El-fououa. *Rubia tinctorum.*
32. Bs'ol-el-Kle'b. Les *Muscari,* les *Scilla* et certains *Allium.*
33. Chouk-el-ibel. (?)
34. Azir. *Rosmarinus officinalis.*
35. Zater. *Thymus capitatus* et quelques autres *Thymus.*

D. Entre Aïn-el-Ibel et Sidi-Makhelouf.

36. Er-rek'ol. *Frankenia thymifolia.*
37. El-adjerêm. *Anabasis articulata.*
38. El-meurrar el ma. (?)
39. El-izrîf. *Suæda vermiculata.*
40. El-aïgân. *Eruca sativa.*
41. El-frias. *Onopordon macranthum et arenarium.*
42. El-melthemèn. (?)
43. El-harmek. *Caroxylon tetragonum.*
44. El-korkaz. *Sysimbrium coronopifolium.*
45. Er-reguem. Plusieurs *Erodium.*
46. El-zergtoun. (?)
47. El-lebin. Les *Euphorbes.*
48. Sag-el-r'orâb. *Scandix Pecten Veneris.*

E. Entre Sidi-Makhelouf et Lar'ouât.

49. Er-remeth. *Caroxylon articulatum.*
50. El-aguirma. *Carrichtera Vellæ* et plusieurs *Alyssum.*
51. Chegarïa. *Matthiola tristis* et *livida.*
52. Et-tamïia. *Samolus Valerandi* (?)
53. En-Neten. *Adonis æstivalis.*
54. Deil-el-Kharoûf. *Reseda lutea.*

V. — Notices diverses d'histoire naturelle.

Entre Bou-Guezzoul et Aïn-Ousera, je pris un saurien nommé en arabe « zerzoumïa » et un autre nommé « bou kekkâch »; ce dernier a quelque analogie avec la structure du caméléon, et redresse sa queue en courant.

Entre Guelt-es-Settel et H'adjar-el-Melh, je trouvai sous des pierres un myriapode noir verdâtre à pattes rouges nommé « S'ot'-el-Kheïl » et une iule, « Khït-el-Khâdem »; je trouvai aussi un myriapode vert dans le même endroit.

Entre H'adjar-el-Melh' et Djelfa, je trouvai un insecte assez curieux, dans le genre de la mante prie-Dieu, nommé « h'enmaïr djidda ».

Koudria, Semmana et Kettaïa sont les noms de trois oiseaux des Zar'ez. Ces noms imitent un peu leur cri.

Quelques instants après avoir quitté les cols de Khorfa, on trouve quelques pieds d'asphodèles, qui cessent bientôt après pour ne plus reparaître que dans le Teull.

Ce cahier ne contient pas le résultat des remarques que j'ai pu faire sur l'ethnologie et l'histoire naturelle, surtout sur la distribution géographique des différentes espèces de plantes et d'animaux. Les premières paraîtront, en janvier 1858, dans la revue *Zeitschrift der deutschen morgenländischen Gesellschaft* sous le titre de *Notizen über vier berberische Völkerschaften*. Les autres seront réunies dans un cahier à part (1).

(1) Rien n'a été trouvé dans les papiers de Henri Duveyrier, qui corresponde au cahier annoncé ici. C. M.

TYPOGRAPHIE FIRMIN-DIDOT ET Cie. — MESNIL (EURE).

www.ingramcontent.com/pod-product-compliance
Ingram Content Group UK Ltd.
Pitfield, Milton Keynes, MK11 3LW, UK
UKHW031927260826
14628UKWH00003B/1461

9 782013 631129